Ulrich Schaffer
Die innere Stimme

Ulrich Schaffer

Die innere Stimme

Eine BewußtWerdung

Kreuz Verlag

CIP-Kurztitelaufnahme der Deutschen Bibliothek

Schaffer, Ulrich:
Die innere Stimme: e. Bewusstwerdung / Ulrich Schaffer. –
1. Aufl. – Stuttgart: Kreuz Verl., 1988
ISBN 3-7831-0901-9

1. Auflage 1.–10. Tausend

Umschlagfoto: Ulrich Schaffer
Satz: Steffen Hahn, Kornwestheim
Druck und Bindung: Clausen u. Bosse, Leck
ISBN 3 7831 0901 9

Weisheit von innen

Das ganze Leben ist ein Prozeß des Bewußtwerdens. In uns existieren Welten und Wirklichkeiten, die wir nur immer wieder bruchstückhaft wahrnehmen. Und doch betrifft und bestimmt uns diese unsichtbare Welt. Wenn wir stärker in Besitz unseres eigenen Lebens gelangen wollen, dann ist es wichtig, diese innere Wirklichkeit kennenzulernen. Wir werden sonst unbewußt gesteuert von Kräften, die wir nicht ahnen. Wir sind ihnen ausgeliefert, und wir hören nicht die Stimmen, die oft besser als wir selbst wissen, was für uns jetzt wichtig ist.

Die Welt in uns will gehört und gesehen werden. Sie gehört zu uns. Sie bedient sich vieler Stimmen, die mit uns reden, die ein Mitspracherecht in unserem Leben wünschen. Wir aber nehmen diese Stimmen oft nicht ernst und lassen uns nicht von ihnen beraten und führen.

Bewußt werden heißt darum, die Stimmen in mir zunächst zu hören und dann besser zu verstehen. Bewußt werden heißt, meinen Ahnungen nachzugehen. Bewußt werden heißt, die Hintergründe aufzuschlüsseln. Bewußter leben heißt, meine uneingestandenen Bedürfnisse und Wünsche zu entdekken.

Der Text, der hier folgt, ist eine Zusammenstellung von all den Stimmen, die in uns leben: unser Unbewußtes, das einmal Gewußte, jetzt aber Vergessene, die Erinnerungen, die nur noch wie Schatten in uns leben, unsere Ahnung und Intuition, die

Stimmen von Freunden, die wir in uns aufgenommen haben, die Einsichten, die wir durch Lesen, aufmerksames Beobachten und Reflektieren gewonnen haben. Hier sollen diese Stimmen zu Wort kommen, sie sollen zu einem bewußteren Leben führen.

Die verschiedenen Stimmen werden einem Sprecher in den Mund gelegt. Er ist der Fürsprecher dieser inneren Welt. Wir könnten ihn den »inneren Lehrer« nennen.

Die Leserin/der Leser ist eingeladen, die eigene Geschichte zu schreiben, zu sagen, zu reflektieren. Vielleicht ähnelt sie teilweise der dieses Buches. Wichtig ist jedoch, daß die eigenen inneren Stimmen gehört, verstanden und ernst genommen werden.

Ulrich Schaffer

Ich merke, daß du in dich gehst, weil vieles in deinem Leben dir unklar ist. Du suchst nach Durchblick und Verständnis. Weißt du, daß du nach mir suchst?

Ich beobachte deine Suche. Du probierst alles, was du weißt, setzt die Logik ein, sondierst dein Wissen, gehst noch einmal deine Erfahrungen durch. Du bist noch weit weg von mir, oder ich von dir. Noch traust du mir nicht und kannst dir nicht vorstellen, daß ich etwas Sinnvolles zu deinem Leben zu sagen hätte.

Ich wohne tief in dir. Ich möchte gehört werden, aber ich dränge mich nicht vor. Ich muß eingeladen werden zu sprechen. Ich habe schon lange in dir gelebt und gewartet. Ich wollte mehr an deinem Leben beteiligt sein. Vielleicht ist dies der Anfang. Ich sehe, wie zögernd du bist, wie du Angst vor dem Bereich in dir hast, den du nicht so genau kennst.

Du lebst im Vordergrund und kennst den Hintergrund noch nicht. Du siehst dich hilfesuchend um. Du glaubst, daß irgend jemand um dich die Antworten für dich haben muß. Noch fällt es dir schwer, in dich zu gehen. Wenn du es tätest, würdest du mich finden, bereit, mit dir zu reden.

Hast du Angst vor mir? Fürchtest du, daß ich dir etwas sagen könnte, was dein Leben verändert? Willst du aber nicht gerade die Veränderung, vor der du Angst hast? Ich kann dir doch nur das sagen, was du eigentlich schon weißt.

Ich werde still sein. Es ist nicht gut, daß ich rede, wenn du es noch nicht wirklich willst. Ich kann warten. Du wirst mich erst wirklich ohne innere Abwehr hören können, wenn du mich hören willst. Dein Wille, mich zu hören, wird dir die Ohren für mich öffnen. Ehe ich schweige, will ich dir nur noch schnell versichern, daß ich *für* dich bin, daß ich dich liebe und dich nicht zerstören will. Ich bin auf deiner Seite. Ich wünsche die Ausbreitung und Vertiefung deines Lebens. Wirst du mich rufen?

Es ist still. Dein Inneres ruht. Du kannst mich nicht hören. Du überlegst, auf wen und was du hören sollst. Ich respektiere dein Warten, deine Unentschlossenheit, deinen Zweifel. Es ist still. Es darf still sein. Es ist still.

Ich höre dich rufen. So zaghaft. Aber ich höre dich. Es ist ein vorsichtiger Versuch, der noch fast unbewußt in dir geschieht. Aber du rufst, und das nehme ich ernst. Du rufst nach mir, aber ich will noch warten und dir die Chance geben, dein Rufen selbst noch besser zu hören. Wenn ich zu früh spreche, würdest du mich nur abschneiden, und wir wären wieder getrennt.

Ich beginne ganz leise zu reden. Erst sind es nur Töne. Es geht nicht um ihre Bedeutung, nur um ihren Ton. Hörst du, daß meine Stimme sanft ist, sie ist Samt, Zuwendung, Annäherung. Aus den Tönen mache ich Silben, einfache Worte. Und wenn ich merke, daß du mich aufnehmen kannst und ich mich nicht mehr als Eindringling empfinde, dann beginne ich zu reden. Meine Sätze sind einfach. Ich rede Bekanntes, und du entdeckst, daß ich deine Sprache spreche, deine Nuancen in der Stimme habe, wenigstens manchmal. Aber du ahnst auch schon die Tiefe, von der ich reden werde, die Abgründe, die auf dich zukommen und dich zu verschlingen drohen.

Meine ersten Sätze sind:

Ich bin für dich da.
Ich bin da.
Du hast mich gerufen.
Du willst leben.
Du willst mich hören.
Wir wollen miteinander reden.

Ich will mit dir erst in die Vergangenheit gehen, um dort Entdeckungen zu machen. Du bist immer noch der, der du einmal warst. Auch wenn du meinst, dich verändert zu haben, hängt das Vergangene an dir und beeinflußt dich noch. Alle deine Entscheidungen und besonders die, die du vermieden hast, weil sie dir zu anstrengend waren oder weil du dich vor ihnen geängstigt hast, sind zu deinem Charakter geworden. Die meisten hast du längst vergessen, aber manche ziehen noch durch dein jetziges Leben wie graue Schatten, die dir Farbe nehmen.

Und dann will ich mit dir in die Gegenwart. Da bist du. Ein Stück deines Lebens liegt hinter dir, ein Stück vor dir. Das einzige, was du wirklich hast, ist diese Stunde. Diese Minute. Und was du jetzt entscheidest, wird alles bestimmen. Nie war es wichtiger, aus dem Schatten zu treten, als jetzt. Dies ist deine Chance. Du hast sie dir eingeräumt, indem du angedeutet hast, daß du mich hören willst. Jetzt will sich das Leben von einer Seite zeigen, die du noch nie gesehen hast. Jetzt soll die Herrlichkeit der Farbe das Schwarzweiß verdrängen. Das ungeheure Blau des Himmels über allem. Das zarte Frühlingsgrün. Das Schwarz des Schmerzes, der Schmerz deiner Freunde und damit dein eigener. Und all die anderen Farben, die du dir denken kannst.

Der Preis ist hoch, das ahnst du, aber das Leben ist immer größer als der Preis. Willst du leben? werde ich dich fragen. Und wenn du dich auftust, werde ich viel mit dir reden, dich anlachen und lieben und dir dankbar sein, weil auch ich dann leben kann.

Und dann will ich mit dir die Zukunft ansehen. Das ist die Welt der Möglichkeiten. Alles ist möglich, werde ich immer wieder sagen, weil ich aus einer Welt komme, wo Begrenzungen hauptsächlich eine Frage der Einstellung sind. Und ich werde dich fragen, was du willst. Vielleicht wird dir die Frage auf die Nerven gehen, aber ich werde sie weiter stellen, weil alles möglich ist. Ich werde dich immer wieder ermuntern, keine Tür von vornherein als geschlossen anzusehen.

In der Zukunft liegt auch dein Sterben, und auch darüber werden wir reden müssen. Wie freiwillig und bewußt willst du sterben? Willst du wissen, was der Tod ist? Du mußt es entdecken, und ich will dir dabei helfen. Allein wirst du es nicht schaffen. Das hast du gewußt, und darum hast du mich gerufen.

Ich kann dir nur einen kleinen Bruchteil der Tausende von Erlebnissen deines Lebens schildern, aber ich habe die wichtigeren ausgewählt und auch manchmal die, die du schon vergessen oder nie ganz verstanden hast. Für jede Sache, die ich beschreibe, gibt es Hunderte, die ich beschreiben könnte. Jedes Erlebnis, das dich geprägt hat, hat hundert Erlebnisse nach sich gezogen, die die Prägung vertieft haben.

Ich werde manchmal nicht ganz klar sprechen. Es ist wichtig, daß ich so spreche, weil es darum geht, daß *du* die Klarheit in dir schaffst. Es geht um *deine* Stellungnahme, denn es geht um *dein* Leben. Ich würde dir nicht dienen, wenn ich dir alles klar vor Augen stellen würde und du weder fähig noch willig wärst, diese Klarheit praktisch in deinem Leben umzusetzen. Ich werde skizzieren, du aber mußt das Bild malen. Ich werde dir Möglichkeiten vorstellen, du aber mußt deinen Willen einsetzen, wenn sie zu Realitäten werden sollen.

Du brauchst mir nichts zu glauben. Ich will dich nicht überreden, aber wenn du merkst, daß ich dich besser verstehe, als du dich manchmal selbst verstehst, dann denke nach. Sei deinem Leben nah, und du wirst mir nah sein.

Was war

Das Gewesene ist nicht vorbei.
Es wirkt mächtig weiter.
Nur wenn wir es begreifen,
verliert es seine zerstörerische Gewalt.

Wir sind immer auch,
was wir waren.

1

Du tauchst zum ersten Mal auf. Ein Gedanke von zwei Menschen. Ein Wunsch schwingt in dem Wort »Kind« mit, wenn deine zukünftige Mutter es gebraucht. Und gleich von Anfang an bist du unzertrennlich mit dem Wort »Nähe« verbunden. Von da an bleibst du im Gespräch und besonders in den Gedanken dieser beiden. Natürlich hast du noch keinen Namen, aber schon umgibt dich eine Aura. Du bist eine Gegenwart, manchmal eine Angstgegenwart, aber meistens eine Freudengegenwart.

Dieser freundliche Gedanke, dieser Ton, dieses Erwähnen sind dein erstes Bett. Vergiß das nie. So weich hast du schon geruht, ehe es dich gab. Das war für dich da, vor Grundlegung deiner Welt.

Dann wird aus dem Erwähnen eine feste Entscheidung. Gespräche, laute und leise, Entscheidungen, zurückgenommene Entscheidungen, weitere Gespräche. Und dann an einem Tag, es war ein windiger Tag mit tiefen Wolken, der Herbst begann gerade den Sommer zu verdrängen, da haben beide mit klopfenden Herzen »Ja« gesagt. Da gab es dich noch immer nicht, und doch war dieses kurze Wort für dich sehr wichtig. Es war dein zweites Bett. Du hast in dem »Ja« gelegen. Die Gespräche der beiden haben es zu einem Nest für dich gemacht.

Zeit verging. Du wurdest probebenannt. Du bekamst Jungen- und Mädchennamen. Andere wurden über dich, den es noch nicht gab, zu Rate gezogen. Es gab Zeiten, da warst du das wichtigste Gesprächsthema.

2

Dann kam der Tag, der wirklich zu *deinem* Tag werden sollte. Man wollte dich. An diesem Abend geschah es, daß du aus dem Wunsch in die Wirklichkeit gekommen bist. Ich will dir den Moment wenigstens etwas beschreiben.

Er begann mit Zärtlichkeit und Liebe und endete ebenso. Dazwischen gab es Landschaften von unerhörter Klarheit, Abgründe, die überflogen wurden, Hemmungen, Blockaden, die respektiert oder genommen wurden. Es gab viel Erinnern und ebensoviel Vergessen, es gab Festhalten und Loslassen. Durch all das hielt die Liebe in ihren vielen Formen an. Er ließ sich zu ihr hinfließen, und sie nahm ihn auf, um dann selbst wieder zu ihm zu fließen. Es gab Momente, die nicht aufzuhören schienen, und andere, die ganz schnell vorbei waren. Es gab Höhepunkte und Tiefpunkte, und beide waren auszuhalten, weil sie von Vertrauen durchströmt waren.

Dann wurdest du in ein drittes Bett gelegt, in den warmen weichen Leib deiner Mutter. Du Kind der Liebe. Und in dem ruhenden Leib deiner Mutter wurde in den Sekunden der Grund zu einer neuen Welt gelegt.

Erst drei Wochen später waren sich deine Eltern sicher, daß du »unterwegs« warst. Sie zählten die Wochen ab, legten das Datum deiner Geburt fest. Eigentlich lebtest du schon mit ihnen. Ihr Einfluß auf dich begann, und die ersten Grundhaltungen begannen in dir zu wachsen.

3

Du wirst also. Irgendwann ist es soweit, daß du deine Mutter reden hörst. Du verstehst nicht, was sie sagt. Du kennst noch keine Sprache. Aber du hörst anders als durch Sprache. Mehr als nur biologisch seid ihr *ein* Organismus. Du stehst in der Spannung zwischen Wohlsein und Unwohlsein. Alles an dir ist Empfindung. Du erlebst, ohne ordnen zu können, was du erlebst. Du spürst dich wachsen, du bist ein Wachsen. Nach fünf Wochen bist du erst fünfzehn Millimeter lang. Dann wächst du auf einige Zentimeter. Du wiegst nicht mehr als fünfzig Gramm, soviel wie ein schwerer Brief. Dir wachsen Hände. Die Finger sind noch durch »Schwimmhäute« verbunden, aber dann bilden sich die einzelnen Finger, und nach vier Monaten lutscht du zum ersten Mal Daumen. Dies ist eine Vorübung für später: Lutschen wird dein ganzes Leben sein.

Wie ein Astronaut im Raum schwebt, so schwebst du im Fruchtwasser. Du merkst noch nicht, wie klein der Raum ist, in dem du lebst, aber du brauchst auch nicht mehr. Du willst hier nicht weg. Es ist schön. Für dich gibt es noch keine andere Welt.

Und doch vermute ich, daß damals noch etwas anderes in dir passierte. Du bist nicht ganz wunschlos gewesen. Du warst nicht willenlos. Das Wachsen deines Körpers war ein Willensakt. Du wolltest wachsen. Du wolltest werden. Du wolltest weiterleben. Du hast zwar deinen Willen noch nicht gekannt, aber in dir gab es eine Stärke, eine Ausrichtung, die zum Leben hinzielte, ohne dein bewußtes Dazutun. Deine Lebensenergie hatte die

Steuerung deines Lebens übernommen, bis du so weit warst, sie selbst zu übernehmen.

Das Leben deiner Mutter ist dir Vorbild. So wie sie ist, bist auch du. Es gibt Tage, an denen ihr alles zuviel ist. Sie hat das Empfinden, das Leben nicht zu schaffen. An den Tagen fällt ein leichter Schatten in dein unbewußtes Wollen. Einige Augenblicke läuft etwas durcheinander. Du bist verwirrt. Aber dann willst du wieder – läßt dein Herz wachsen, deine Finger, sogar deine Fingernägel, entwickelst Augen und Haare.

Doch dann wird der Raum eng. Du erfährst das nur, indem du mit deinen Beinen trittst und deine Arme ausstreckst und dabei an Grenzen stößt. Noch weißt du nicht, was Grenzen sind, aber hast du dich nicht schon damals gefreut (dieses Gefühl des Wohlseins ohne Namen), wenn du an Grenzen stießt, weil du dadurch deine Arme und Beine erlebtest? Hast du die Erschütterungen, die deine winzigen Arme und Beine entlangliefen, wenn sie an etwas stießen, nicht als dein Lebendigsein erlebt, auch wenn du nicht wußtest, was »lebendig« überhaupt bedeutet?

Meistens aber *warst* du einfach. Du warst, nichts weiter. Zeitlos, wunschlos, programmlos, schwebend. Später wirst du dir diesen Zustand manchmal wieder wünschen, sogar sehr intensiv wünschen; dann willst du einfach nur sein dürfen, nicht auf ein Ziel hinleben. Du wirst dann viel vom Sein reden, wirst es groß schreiben, SEIN, weil du damit einen Wunsch, einen nicht ganz zu artikulierenden, wortlosen Wunsch verbinden wirst. Ich kann den Wunsch nur andeuten: aus deinem Kopf hinauszugelangen, das Denken zurücklassen zu können, nicht immer alles gedanklich zu verarbeiten, was dir begegnet. Und du wirst immer wieder feststellen, wie wahnsinnig schwer es ist. Jetzt gelingt es dir noch ohne Anstrengung.

4

... da, alles wird zu eng. Dann wird es wieder weit. Und wieder eng. Dann wird es schneller wieder weit. Die ersten Male war es wie etwas Fernes, das geschah, aber als es dann häufiger kam, hat da nicht das Leben in dir eine Bedrohung gespürt? Hat sich da nicht eine Kraft entwickelt, die sich zu überleben entschieden hatte?

Es wird immer unruhiger. Großes geschieht. Dieser Tag wird einer deiner wichtigsten sein, und was heute passiert, wird deinem Leben ein tiefes Gepräge geben. Es wird irgendwie trocken um dich. Du hast die Nässe, die Wärme der Nässe, immer so gemocht. Du scheinst in eine Enge zu rutschen, fast in sie gesogen zu werden. Du weißt nicht, was Enge ist, auch nicht, daß Enge mit Angst verbunden ist. Das wirst du später lernen und noch oft erleben. Aber dies ist das erste Mal, daß du so richtig erlebst, daß etwas falsch gehen kann. Für nichts hast du Worte, und doch passiert so viel um dich und an dir. Auch das wirst du später noch oft erleben – es wird dir etwas passieren, und du wirst keine Kategorien dafür haben, weil es dir noch nie vorher passiert ist.

Und als es dann gar nicht mehr weiterzugehen scheint, als alles so eng ist, daß du steckenbleibst auf deiner Reise in das Weiß-nicht-Wohin, als du nur noch das seltsame Schütteln, Drängen und Drücken erlebst, da bist zu plötzlich frei, es wird ganz hell um dich, und du hörst ganz anders, als du vorher gehört hast, ohne schützendes Fleisch zwischen dir und der Welt – aber vor allem ist es sehr, sehr hell und viel kühler, als du es gewohnt bist. Du spürst dich angefaßt. Hat man dir nicht sogar einen Klaps gegeben, und hast du deinen Mund nicht aufgemacht und gepiepst, und wurde das Piepsen nicht zu einem Schreien? Dann begann in dir etwas zu leben, was du bisher nicht gespürt hattest. Später hast du erfahren, daß es deine Lunge war, die zum ersten Mal Luft aufnahm.

Danach war es einfach zuviel des Neuen. In dir hat sich etwas abgestellt, weil du nichts mehr aufnehmen konntest. Der Rest der Geburt, das Waschen, das Trocknen, das Messen und Ansehen, passierte alles an dir. Du ließest es geschehen. Du wußtest nicht, was man mit dir machte.

Du hast viel gelernt an diesem Tag. Daß die Welt sehr groß ist, aber auch, daß du ausgerüstet bist, in dieser Welt zu leben. Du hast das Staunen gelernt. Dein Staunen war noch so klein wie du, aber es war schon da. Später wirst du das Staunen noch mehr schätzen, es wird dich am Leben erhalten. Und du hast auch das Abschalten gelernt. Es war eine nötige Flucht vor der Überflutung. So wirst du dich auch später retten, dich zurückziehen … aber lassen wir das. Das kommt später.

Jetzt bist du nicht mehr nur in dem Leib deiner Mutter, jetzt bist du auch sichtbar, berührbar und ohne Schutz.

5

Wie du nach Hause gebracht wurdest, in dein Zimmer einzogst und die Verwandten und Freunde dich bewundert haben, das haben dir deine Eltern erzählt. Jeder Tag war ein Erlebnis für deine Eltern und dich. Du hast dich so schnell verändert. Du hast in dem ersten Jahr so viel gelernt wie später nie wieder.

Was du damals alles in dir erlebt hast, kannst du deine Eltern nicht fragen. Sie wissen es nicht. Sie waren zu sehr damit beschäftigt, das Richtige mit dir zu tun. Sie wollten keine Fehler machen. Sie dachten an ihre Rolle als Eltern. Auch mußten sie das verarbeiten, was sie mit ihren Eltern als kleine Kinder erlebt hatten. Oft waren sie nicht wirklich frei für dich mit deinen Wünschen und Nöten, und wenn du sie jetzt danach fragst, dann werden sie dir nur ihr Erleben schildern, nicht aber dein Wissen.

Ich weiß noch, wie es dir damals ging, es liegt tief in mir drin. Ich habe es für dich gespeichert, bis du es anzusehen wünschst, es vertragen kannst und mich nicht mehr wegschicken mußt. Über manches werde ich nur sehr vorsichtig reden, und du wirst etwas spüren und überlegen müssen, ob du da weitergehen willst und dich weiter erinnern willst an das, was dir vielleicht auch Schmerzen machen kann.

Wenn ich an dich in der Zeit deiner frühen Kindheit denke, dann denke ich neben den Freuden auch an Schmerzen. Du hast immer zwischen deinem Erleben und dem Vergessen deines Erlebens gestanden. Bist hin- und hergezerrt worden, bis du nicht mehr wußtest, was du eigentlich erlebtest. Du wurdest unsicher und hast dir selbst nicht mehr getraut. Schon als du ganz klein warst, hast du dich manchmal verloren, ehe du dich hattest.

Ich erinnere mich an einen Zwischenfall, als du kaum ein Jahr alt warst, als du einmal aus deinem Stuhl fielst, mit dem Kopf zuerst auf das harte Linoleum. Deine Mutter sah dich fallen und war so überrascht, daß sie sich nicht bewegte. Sie sah und hörte den Aufschlag, dann sprang sie zu dir, und ehe du weinen konntest, überschwemmte sie dich mit einem Wort- und Geräuschschwall, der dich vom Weinen abhalten und das Geschehene verkleinern sollte. Vielleicht hätte sie sonst auch dein Weinen als Anklage gegen sich selbst gesehen, weil sie nicht genug aufgepaßt hatte. Und du weintest dann weniger, vielleicht auch, weil du so überrascht warst von den Worten und Tönen deiner Mutter und ihrer plötzlichen Nähe. Und doch passierte etwas in dir, was dich bis heute begleitet hat: Du erlebst etwas und meinst, du hättest kein Recht auf dein Erleben, weil es dir ausgeredet wird. Ein anderer entscheidet über deine Reaktion und schreibt dir vor, was du eigentlich erlebt hast und was nicht.

Meistens begann dieser Ablauf mit deinem Wunsch, wirklich lebendig zu sein. Du lebtest, indem du etwas anfaßtest, ablecktest, in die Luft warfst, ins Wasser stecktest oder fallen ließest. So hast du die Welt wahrgenommen. Aber das war meistens falsch. Jemand schritt ein und hat dir etwas weggenommen, dir auf die Hand gehauen und harte Worte gesagt. So hast du mit deinem Wunsch nach Lebendigsein das darauffolgende Durcheinander verbunden.

6

Worte waren dir damals noch nicht so wichtig. Du verstandest sie nicht, nur erst einige, die man dir durch viele Wiederholungen beigebracht hatte. Aber in dem Ton von Stimmen lebtest du auch damals schon. Wie hast du manchmal auf einen Ton gewartet, in den du dich legen und zu Hause sein konntest. So waren manche Stimmen wie eine Heimat, und wenn du sie hörtest, warst du geborgen, und nichts konnte dir passieren. Du fühltest dich warm und angenommen. Stimmen waren wie Nahrung für dich.

Später bist du manchmal bei lauten, aufdringlichen Stimmen zusammengezuckt, ohne genau zu wissen, warum. Erinnerst du dich noch an die Freundin, die du mit achtzehn hattest? Eure Freundschaft ging nur auseinander, weil sie eine Stimme hatte, die dir keine Heimat gab. Du hast das damals nicht gewußt, sondern hast einfach so entschieden, aber ich habe gewußt, daß du diese Heimat brauchtest.

Sogar dein Musikgeschmack hat damit etwas zu tun. Hast du dich schon mal gefragt, warum du so gern Cellomusik hörst und warum du Sänger magst, die zurückhaltend und mit dunkler Stimme singen? Es ist deine Suche nach Heimat, nach Geborgenheit. Sie hat damals begonnen, als du noch nicht einmal ein Jahr alt warst.

Vielleicht hast du darum auch so auf deine Stimme geachtet. Dir ist es immer wichtig gewesen, in deiner Stimme zu sein, deine Seele durch deine Stimme sprechen zu lassen, dem Hörer eine Heimat bei dir zu verschaffen. Du hast geben wollen, was du selbst suchtest.

7

Deine Mutter hatte dich in deinem Kinderwagen vor einem Geschäft in der Fußgängerzone stehen lassen. Nicht lange. Sie ging Käse kaufen. Zunächst war alles gut. Um dich lebte die Welt. Du hörtest die Geräusche, sahst die Bewegungen. Als sich dann aber ein älterer Mann über dich beugte, um mit dir zu schäkern, er trug einen großen Rauschebart, da bekamst du Angst. Eine unbenennbare Angst. Die Welt hinter dem Gesicht des Mannes, die Menschen, die Kinder, nur Meter von dir entfernt, sie hörten plötzlich auf zu sein. Es gab nur noch den großen Kopf, der dich ansah. Da schriest du, als hätte der Mann dir etwas getan. Er versuchte dich zu beruhigen, schnitt Grimassen, rollte mit den Augen, aber es gelang ihm nicht. Er wollte nicht weggehen, weil es dann so ausgesehen hätte, als hätte er dir etwas getan. Endlich, es schien sehr lange gedauert zu haben, kam deine Mutter. Sie lächelte den Mann kalt an und sagte dir dann, du solltest auf der Stelle aufhören, so ein Spektakel zu machen. Du kanntest das Wort noch nicht, merktest aber, daß deine Mutter unzufrieden war mit dir. Energisch schob sie deinen Wagen nach Hause.

Als später darüber geredet wurde, veränderte sich von Mal zu Mal die Geschichte. Sie wurde immer lustiger, so daß auch du später darüber gelacht hast, über die Episode mit dem bärtigen Mann. Aber in dir hast du nicht gelacht. Es war eine doppelte Verletzung. Die Angst durch die Begegnung mit dem Mann und dann, daß diese Angst nicht ernst genommen wurde, sondern am Ende zum Lachen war. Deine Angst war lächerlich geworden, und du wußtest nicht, warum.

8

Bald verstandest du das Wort »lieb«, und damit begann ein dunkles Kapitel deines Lebens, das seine Finger noch bis heute nach dir ausstreckt. Seine Harmlosigkeit war seine besondere Gefahr. Lieb zu sein war das oberste Gebot. Deine Eltern merkten es nicht, weil sie selbst so erzogen worden waren. Sie lebten nur das weiter, was sie selbst erlebt hatten. Sie konnten nichts anders denken. Auf dem Liebsein wollten sie dann deinen ganzen Charakter aufbauen, deine Beziehungsfähigkeit, deine Zukunft. Wenn du nur lieb sein würdest, wären sie jeder Sorge enthoben, weil solchen Menschen die ganze Welt offensteht.

Schon früh kam Gott dazu. Es war der liebe Gott. Aber er war nicht nur lieb. Er konnte auch sehr ärgerlich werden, wenn du zum Beispiel nicht lieb warst. Aber es war der liebe Gott, und nichts war wichtiger, als ihn und deine Eltern liebzuhaben. Am Anfang wußtest du nicht genau, was es war, lieb zu sein, aber bald bekamst du dafür einen sechsten Sinn. Du lerntest die Mienen deiner Eltern zu lesen. Ihre Augen, ihre Stimmen, ihre Armbewegungen, ihr Schweigen, ihre Zuwendung und Abwendung waren dir Hinweise und Orientierungspunkte. Auch wenn du noch ein kleines Kind warst, wurdest du doch bald ein Meister im Lesen der geringsten Zeichen – weil dein Leben daran hing.

Und so wolltest du bald nichts anderes mehr als das tun, was deine Eltern froh machte. Dabei hattest du immer das Empfinden, daß du eigentlich tun durftest, was du wolltest. Du hast nur nie gemerkt und weißt es vielleicht bis heute nicht, daß deine Eltern dein Wollen bestimmten. Du wolltest, was sie wollten, und glaubtest dabei, frei zu sein. Sie haben nicht bestimmt, was du tatest, sondern sind schon einen Schritt früher eingetreten in den ganzen Ablauf: Sie haben dein Wollen bestimmt.

Verstehst du vielleicht jetzt etwas besser, warum du so oft in deinem Leben nicht gewußt hast, was du eigentlich wolltest? Du bist in dich gegangen und hast deinen Wunsch oft nicht gefunden. Da, wo dein Wille sich bildete, hast du ihn auf dem Altar des Liebseins geopfert und wurdest dafür mit der Liebe deiner Eltern belohnt.

Ich habe damals und auch später viel für dich gewollt, habe dir in Träumen gezeigt, was ich wollte, was du eigentlich wolltest, aber du hast mich nicht gehört. Du durftest mich nicht hören, weil dein Wille mit dem Willen deiner Eltern zusammengestoßen wäre, und dabei hättest du vielleicht ihre Liebe verloren. Das war deine Angst. Das Risiko konntest du nicht eingehen, und so warst du lieb, so lieb!

9

Hörst du, daß ich von Schuld spreche, wenn ich dir die Dinge deiner Kindheit erzähle? Ich will nicht von der Schuld deiner Eltern sprechen, aber von ihrer Begrenzung. Sonst müßte ich auch von der Schuld ihrer Eltern sprechen und von der Schuld ihrer Großeltern und immer so weiter. Ich spreche von der Unbewußtheit, von Unwissenheit, und manchmal von der Unbedarftheit. Es ist zu spät, von Schuld zu sprechen. Das Schuldsein bringt nur Verstecken und Zudecken mit sich, und gerade das will ich nicht. Ich will sichtbar machen, aufdecken, verständlich machen, um so die Wiederholungen der Zerstörung zu unterbinden. Ich will unterbrechen, was so stur abläuft.

Darum höre nicht die Schuld deiner Eltern. Ich will sie nicht schlechtmachen. Sie haben ihr Bestes versucht. Sie haben auch mit ihren Bedürfnissen zu kämpfen gehabt und versucht, sie zu erfüllen, wie ihre Eltern vor ihnen. Sie trugen Bilder in sich, überliefert von ihren Eltern, und sie wollten diesen Bildern gerecht werden. So und so hat ein Kind zu sein. Es hat das und das zu tun. Das hast du gespürt. Es jetzt genau anzusehen ist darum auch keine Tat gegen sie. Es ist eine Handlung des Verstehen-Wollens.

10

Gott kam schon früh in deiner Kindheit vor. Erst war er nur ein Wort. Ein Wort ohne Bedeutung. Dann wurde er ein Mann, ein alter Mann, der alles kann. Dann wurde er immer ungeheuerlicher, weil er alles sehen kann und immer dabei ist, auch wenn man ihn nicht sehen kann. Er war hinter dir, du mußtest dich blitzschnell umdrehen. Aber dann war er schon weg. Er nahm Menschen einfach von der Erde. Er bestrafte Menschen, und andere belohnte er.

Bald hast du auch von Gott gesprochen. Er wurde wirklich nur durch die Ernsthaftigkeit deiner Eltern. Für dich selbst behielt er zunächst noch etwas Märchenhaftes. Aber das hast du nicht gesagt, weil es nicht zu der Ernsthaftigkeit deiner Eltern gepaßt hätte. Gott war der große Zauberer, der alles sehen und hören konnte. Er war in dir und um dich, und das sogar zur gleichen Zeit. Er war unsichtbar und konnte traurig sein.

Die Worte, die über ihn gesagt wurden, hast du fast nie verstanden. Aber du hast sie auch gebraucht, und bald wußtest du, was von dir erwartet wurde. Du wolltest niemanden enttäuschen. So wurdest du ein frommes Kind mit einem märchenhaften Gott.

Dein Wortschatz über Gott wuchs, und damit auch dein Wissen über Gott. Bald konntest du erklären, warum Gott gewisse Dinge tut und andere läßt. Du wußtest, was ihn traurig und was ihn froh macht. Er war nicht mehr weit weg, sondern du kanntest ihn.

11

Du hast viel Angst in deiner Kindheit gehabt. Nicht immer, aber meistens. Es war keine tiefe, umwerfende Angst, und doch hat sie dein ganzes Lebensgefühl tief geprägt. Du hattest immer, oder fast immer, etwas auf dem »Kerbholz«. Das Wort »Kerbholz« war dir fremd, und du hast lange nicht gewußt, was es eigentlich bedeutete. Du hattest also etwas ausgefressen, etwas war schiefgegangen, und das mußte irgendwann herauskommen. Darauf hast du angstvoll gewartet. Manchmal waren es drei oder vier Dinge, die noch entdeckt werden konnten. Dann nur noch zwei, dann nur noch ein letztes. Aber ehe du dich versahst, waren es schon wieder drei, und deine Angst war verdreifacht. Die Chance, entdeckt zu werden, war dann auch dreimal so groß. Glücklich warst du eigentlich nur, wenn alles klar war.

Aber selbst wenn du glücklich warst, warst du nicht ganz glücklich. Du hattest auch dann noch das tiefe Empfinden, nicht zu genügen. Das hat dir nie einer gesagt, aber es stand in der Luft. Es gehörte mit zu deiner Erziehung. Es sollte dich vor dem Hochmut und damit vor dem Fall schützen. So wurde bei dir, wie bei vielen anderen Kindern, Demut mit einer Zerstörung des Selbstwertgefühls verwechselt. Eigentlich waren alle Menschen ungenügend, Kinder aber besonders.

Auch das war nicht schlimm. Man konnte damit leben, das sagst du ja sogar heute noch. Anderen Kindern ging es ebenso, und so trugt ihr es alle wortlos zusammen. Aber du konntest damit nur leben, wenn erst etwas in dir abstarb. Und gerade das Abgestorbene hat dir dann später immer wieder gefehlt. Und wenn ich es dir jetzt sage, was es war, was damals starb oder nie richtig geboren wurde, dann wirst du vielleicht sagen: Aber das hab ich doch! Natürlich hast du es auch, aber wie du es gehabt hättest, wenn damals die Grundlage gelegt worden wäre, das weißt du nicht wirklich. Auch ich weiß es nicht, kann es aber ahnen. Ich rede vom Selbstwertgefühl.

Zwar hast du jetzt ein Gefühl deines Selbstwertes. Du hast ja auch in deinem Leben etwas geleistet und bist darum geschätzt. Dein Erfolg gibt dir Wert. Du kannst es auch beweisen. Du kannst gut denken und reden, du bist nicht dumm.

Aber all das meine ich nicht. Ich spreche von einem Wertgefühl, das aus dem Wissen eines tiefen Angenommenseins kommt. Das hast du damals verloren, vielleicht hast du es auch nie gehabt. Du warst ungenügend. Du mußtest dich beweisen. Alles schien immer bergauf zu gehen. Man versicherte dir, daß das das Leben sei. Ein harter Kampf. Und wenn ich dich heute beobachte, dann spüre ich, daß es immer noch so ist. Du mußt dich immer noch beweisen, weil du dir nicht sicher bist, daß du akzeptabel bist, so wie du bist.

Ich wünsche dir eine leichte Hand. Nimm dich an. Beweise niemandem mehr etwas, auch dir selbst nicht.

12

Kann ich dir erklären, warum deine Mutter dich manchmal so heftig an sich zog und du das Bedürfnis hattest, dich dagegen zu wehren? Du hast dich ja oft genug schlecht dafür gefühlt, hast gemeint, du wärest undankbar und gefühllos, und wußtest doch, daß du das alles nicht warst. Aber etwas stimmte nicht an der Liebe deiner Mutter zu dir. Und das hast du gespürt.

Es geschah meistens dann, wenn du mit deinen Gedanken anderweitig beschäftigt warst, vielleicht beim Lesen oder bei einem deiner Hobbys, daß sie kam, dich umarmte und streichelte. Es unterbrach, was du tatest. Du hast damals nicht gewußt, daß ihre Liebe nicht dir galt. Sie hat es zwar geglaubt und in dem Sinn getan, aber im Grunde suchte *sie* nach Zuwendung. Indem sie dich liebte, hoffte sie unbewußt, von dir wieder geliebt zu werden. Aber du wehrtest dich dagegen, nicht, weil du keine Mutterliebe wolltest, aber weil deine Mutter etwas tat, ohne es offen zuzugeben. Unter dem Zeichen der Liebe für dich versuchte sie, sich Liebe von dir zu holen. Dagegen hast du dich gewehrt. Es war das Unklare, das Ungenaue, das sich falsch anfühlte, das dich verunsicherte. So hast du dich dann in diesen Momenten von ihr zurückgezogen. Dies merkte deine Mutter und erlebte es als Verlust. Um diesen Verlust nicht vor sich zugeben zu müssen, tat sie so, als merke sie nichts von deiner Reaktion. Und das Unklare und Unausgesprochene wuchs.

Das hat in dir den Wunsch nach mehr Offenheit und gleichzeitig die Angst vor Offenheit stärker werden lassen. Und hinter so manchen Formen der Liebe hast du ein anderes Motiv vermutet.

13

Du erlebtest nur das Lachen. Es begann mit Worten an dich, aber du hast die Worte nicht verstanden. Dein Onkel hatte dich angeredet, ein paar Sätze mit dir gewechselt, dann hat er von dir weggesehen, sich im Kreis der andern Erwachsenen umgesehen und noch einige Worte zu dir gesagt, die du dann aber nicht mehr verstanden hast. Dann haben alle gelacht. Du hast dich umgesehen, aber nicht verstanden. Nur das Lachen war kein Lachen, bei dem du einstimmen konntest. Es war ein anderes Lachen, aber du hast es nicht gekannt. Dem Onkel aber bist du mehr und mehr ausgewichen, ohne es selbst genau zu verstehen. Es war deine Sprachlosigkeit gegen sein Lachen.

In dir wuchs ein stilles Unbehagen gegenüber der Welt der Erwachsenen. Manchmal war ihre Welt unheimlich und undurchsichtig, und du fühltest dich ausgeliefert. Würdest du je erwachsen werden, hast du dich dann gefragt, und du konntest dir nicht vorstellen, daß du wie sie werden würdest.

14

Du hast dir manchmal einen anderen Vater gewünscht, einen Vater, der Zeit für dich gehabt hätte. Wenn du auf der Straße einen Vater mit einem Jungen am Arm gehen sahst, hättest du den Vater am liebsten adoptiert. Du hattest keine Abneigung gegen deinen Vater, oder nur sehr selten, aber es schien dir, als seist du unwichtig, deinem Vater vielleicht sogar gleichgültig. An schlechten Tagen hattest du gar das Gefühl, daß es dich nur gab, damit es dein Vater schwer hatte. Du merktest, daß du eine Belastung warst. Du hast Geld gekostet, und du hast deinem Vater Kopfschmerzen gemacht. Dein Vater hat dir das zwar nie gesagt. Er hat es in sich ausgetragen, wie etwas, das ein guter Vater nicht herausläßt. Aber du hast es gemerkt.

So kam es, daß du abends im Bett lagst und von einem Vater geträumt hast, der immer Zeit hatte und der immer mit dir sein wollte, der dich sogar manchmal fragte, wie *er* etwas machen sollte. Er war stark und strahlte. Er konnte dich stundenlang auf den Schultern tragen, ohne müde zu werden. Und er hörte wirklich zu, wenn du sprachst. Du hast an seinen Antworten und Fragen gemerkt, daß er zugehört hatte.

Aber gefunden hast du den Vater nie. Noch heute spürst du manchmal diese Sehnsucht, auch wenn du selbst schon Vater geworden bist. Und so seltsam es für dich klingen mag: Du bist überrascht, wenn ein Erwachsener wirklich Zeit für dich hat. Tief in dir steckt noch der kleine Junge, der auf seinen Vater wartet.

15

Spürst du, wie sich in dir zweierlei regt? Einerseits kommen Erinnerungen wieder. Gewisse Worte, die ich sage, lösen andere Worte und Bilder aus, und diese wiederum ziehen andere Worte und Bilder nach sich. Andererseits wehrt sich eine Kraft in dir gegen das, was ich dir sage. Du hast dich von dir selbst abgeschnitten, hast Wege gefunden, wie du das Erlebte so verarbeiten kannst, daß deine Kindheit weiter glücklich war und du dich nur an das Positive zu erinnern brauchst. Du willst dich nicht erinnern.

Aber denke dran: Du hast mich gerufen. Du hast meine Stimme hören wollen. Du hast diesen Kampf in dir gewünscht. Du hast mehr Klarheit gewollt. Dir war dein bisheriges Selbstverständnis nicht genug.

16

Erinnerst du dich noch an den wärmsten Sommertag in deinem neunten Lebensjahr? Es war ein Samstag. Keine Schule. Schon um zehn Uhr war es zu heiß, um irgend etwas zu tun. Da gab's nur eins: baden gehen! Ein kleines Brot hat dir deine Mutter geschmiert. Kurze Hosen hattest du, weiße, kurze Cordhosen, darunter die Badehose. Ein Handtuch, sonst nichts. Und los. Die andern gingen auch mit. Die Schleuse war zu. Das Wasser war tief. Das war dir recht. Wasser war dein Element.

Es war herrlich. Du bist geschwommen, mehr unter Wasser als über Wasser. Und an dem Tag hast du geschafft, die ganze Breite des Flusses unter

Wasser zu durchqueren. Das war immer dein Traum gewesen. Die Großen konnten das. Du warst immer noch einer von den Kleinen. Aber dies war dein Tag. Ein Ruf an die andern, auf dich zu achten, ein Sprung, nachdem du vorher tief und lange durchgepumpt hattest, und dann lange, kräftige Züge unter Wasser, Augen auf, auch wenn das Wasser nicht besonders klar war, so verlor man die Orientierung nicht so leicht, noch einen Zug und noch einen, alles klar und weiter, immer weiter, noch kein Ufer, es tat schon weh, aber du spürtest das große Glück schon in Reichweite, der Boden unter dir stieg etwas an, das konnte das Ufer sein, war es aber noch nicht, weiter, weiter, der Kopf drohte zu platzen, aufgeben, nein, alles wurde merkwürdig rot in den Augen, und dann stießen deine Hände an das Ufer an. Prustend kam dein Kopf heraus. Die andern warteten schon auf dich. Einige blickten auf die Mitte des Flusses, fanden dich aber gleich mit ihren Blicken an der anderen Seite und klatschten. Bald klatschten alle, und es waren an dem Tag vielleicht fünfzehn Kinder. Das war der schönste Moment deines Lebens, soweit du dich erinnern konntest. Du hattest das Gefühl, daß du jetzt eigentlich alles konntest. Alles. Du hattest zwar keine Vorstellung, was »alles« war, aber das machte nichts. Alles.

Auf dem Heimweg habt ihr dann Kohlweißlinge gejagt. Die durfte man jagen, das waren Schädlinge. Die Zitronenfalter, Schwalbenschwänze und Blaufalter, erst später hast du gelernt, daß sie Adonisbläulinge heißen, die habt ihr fliegen lassen. Aber an diesem Tag hast du weniger gejagt, weil es dich sehr nach Hause zog. Du hast die andern bald verlassen und bist zu deiner Mutter gerannt. Sie sollte wissen, was dir heute geglückt war, da am Fluß.

Die Badehose flog in die Ecke. Wie oft hattest du schon gehört, daß die Badehose auf die Leine gehöre. Dann die Tür auf ... Mutter! Deine Mutter war da, aber sie war es auch wieder nicht. Sie hatte verweinte Augen. Nichts an ihr paßte zu diesem Sommertag. Sie war Winter. Du liefst auf sie zu, ahntest aber schon im Laufen, daß du deine schönste Nachricht von der Welt nicht loswerden würdest. Die Trauer deiner Mutter war zu tief, ihre Haut, auch jetzt, mitten im Sommer, zu kalt. Du hast es ihr dann doch gesagt, aber es blieb bei dir, sie konnte es nicht aufnehmen. Es hat sie nicht erreicht, und so wurde deine Freude an diesem Nachmittag halbiert.

Du wußtest nicht den Grund ihrer Trauer. Es war auch das erste Mal, daß sie dich so direkt Anteil nehmen ließ an ihrer Trauer. Bisher hatte sie sie immer versteckt. Geahnt hast du natürlich manchmal etwas. Aber diesmal war ihre Trauer offensichtlich. Und das gerade in deinem schönsten Moment. Du hast ihr später, als sie zuhören konnte, noch ein paar Mal von deinem Triumph erzählt, aber es war nicht mehr dasselbe.

Dieses Erlebnis hat dein Zögern noch verstärkt. Du begriffst noch tiefer als vorher, daß sich deine Welt immer mit der Welt anderer überschneidet und daß die andern vielleicht überhaupt nicht für dich offen sein mögen. Du erlebtest noch einmal ganz neu, wie allein du sein konntest. Du wurdest vorsichtig. Aber deine Empfindsamkeit für andere wuchs auch. Manchmal führte das zu Schüchternheit, weil du nicht mehr wolltest, daß deine Welt im Zentrum stand, wenn es andere nicht vertrugen. Du bist auch ängstlich geworden. Das konnte man deinem Schritt ansehen. Du konntest seit der Zeit fast unmerklich in deinem Schritt anhalten, wie man es von Hunden oder Katzen kennt, die die linke Vorderpfote heben, als lauschten sie auf etwas. Erst nach diesem Lauschen setzt du dann wieder deinen Fuß auf, aber meistens langsamer als jemand, der auf festen Boden tritt.

17

Du hast einfach gelacht und dir dabei nichts gedacht. Dein Opa sah lächerlich aus. Du warst noch zu jung, um zu wissen, daß man über Erwachsene nicht lacht. Sie sind nie lächerlich. Sie machen keine Fehler und Dummheiten.

Für dein Lachen wurdest du gescholten, und da hast du begonnen zu lernen, daß Kinder wohl lächerlich sind, aber nicht Erwachsene. Über Kinder darf gelacht werden, weil sie noch keine Würde haben und es sowieso nicht merken. Erwachsenen aber ist mit Respekt zu begegnen. Du hast gelernt, mit unterschiedlichen Maßen zu messen.

18

Auch die Sache mit dem Gott ging weiter. Du hast aber nicht mehr »der Gott« gesagt, sondern »mein Gott«. Das sei mehr, hat man dir versichert. Und dann hast du Jesus kennengelernt, wenigstens den Namen. Dann hast du ihn in dich aufgenommen, wie man das nannte, und es war etwas Ernstes, aber auch etwas sehr Schönes. Von da an war Jesus dein Freund, dein fehlerloser Freund.

Zur gleichen Zeit hat man auch viel von Sünde geredet. Vielleicht hatte man es auch schon früher getan, aber jetzt fiel es dir auf. Aber du verstandest es nicht. »Sünde« war ein Wort. Sogar das Wort »Fehler« war für dich schwer zu verstehen. Wenn du in der Schule einen Fehler gemacht hattest, das hast du begriffen. Aber einen Fehler im Leben? Das leuchtete dir nicht ein, und doch hast du es geglaubt. Von Glauben war sowieso viel die Rede. Aber das hast du auch nicht verstanden. Da hat man dir gesagt, daß man das auch nicht verstehen müsse, man müsse es einfach glauben. Auch deine Eltern haben gesagt, daß sie nicht alles verstehen, daß sie es aber einfach glauben. Das Wort »einfach« fiel häufig in diesen Gesprächen, aber du fandest es nicht einfach, was man von dir erwartete.

Die Sache mit der Sünde hast du also nicht verstanden. Aber eins hast du verstanden: Jedesmal wenn das Wort »Sünde« fiel, schien alles irgendwie dunkel zu werden, als wären irgendwo die Lichter ausgegangen, und das war beängstigend. Das hast du nicht gewollt. Du mochtest nicht den Schatten, der sich auf alles zu legen schien. Die Sünde nahm das Licht. Manchmal weinte auch jemand. Weinen fandest du genauso schlimm. Aber du hast dich dran gewöhnt, auch wenn es dich traurig gemacht hat.

Dann kam der Tag, an dem die Sünde nicht mehr nur ein Wort war, das alles verdunkelte. Sie kam dir so nah, daß es dich tief erschreckt hat, wie sonst eigentlich nur deine Geburt.

Das kam so: Jemand hat *dir* Sünde zugesprochen. Du hattest etwas ausgefressen, und das war jetzt herausgekommen. Und darauf hat jemand gesagt, daß du sündig bist. Erst hast du es so weggesteckt wie andere Aussagen über die Sünde und dich auf deine Strafe vorbereitet. Aber die kam nicht, sondern es wurde wieder dunkel, jemand weinte, und dir wurde gesagt: Du bist sündig! Und mit einem Mal ist dir aufgegangen, was da gesagt wurde. *Du* warst an der Dunkelheit und den Tränen schuld. Dir wurde klar, daß Sünde und Schuld die gleiche Sache waren.

Kannst du dich noch erinnern? Du standest im Zimmer und hattest das Gefühl, daß alle dich ansahen, nicht nur flüchtig, sondern minutenlang. Minutenlang waren alle Blicke auf dich gerichtet. Es war still, man wartete, ob du damit übereinstimmen würdest. Du warst erschrocken, hast nur den Druck gespürt, einen Druck, der von den Augen ausging, die du sonst meist liebend kanntest. Du warst verwirrt, es kam alles näher, es fiel alles weit weg von dir. Du hast die Beine ein wenig auseinandergestellt, damit du fester stehen konntest.

Und dann hast du begriffen, was alle wollten. Und du hast »Ja« gesagt. Du hast zugegeben, daß du sündig warst. Du hast nicht gewußt, was das hieß, aber dir war klar, daß du diesem Druck nachgeben mußtest, weil du sonst irgendwo ganz allein sein würdest. Und so hast du »Ja« gesagt zu dem Druck, der von den andern ausging.

Das Ganze hat wahrscheinlich nur ein paar Sekunden gedauert, und nicht alle haben dich angesehen und etwas von dir erwartet. Aber wie es wirklich war, ist egal. Wichtig ist, wie du es erlebt hast. Du hast eine Begegnung mit der Sünde gehabt und dir ist kalt geworden dabei. Sie ist in dich gefahren, das hast du später gemerkt. Da gab es keinen Zweifel mehr, und langsam hast du mehr und mehr verstanden, was du eigentlich »für einer bist«, wie das dein Onkel immer sagte, der mit dem verlebten Gesicht – aber das hast du erst später zu sagen gewußt.

Du warst damals neun. Darum war dein zehnter Geburtstag ein ganz anderer. Die Sache mit Gott ging immer weiter.

19

Als Kind hast du wiederholt eine kaum greifbare Kränkung erlebt, die dir auch heute noch nicht ganz bewußt ist. Von den vielen Malen, die es passierte, will ich nur ein Beispiel herausgreifen.

Du warst zehn Jahre alt. Ein Cousin kam zu Besuch mit seinen Eltern. Er war damals drei Jahre alt und ein Wildfang. Ihr spieltet auf der Wiese gleich neben dem Haus, und man hatte dir die Aufsicht übertragen. Du warst glücklich, daß man dir vertraute.

Plötzlich war dein Cousin verschwunden. Er konnte nur in den Graben gefallen sein, und du wußtest, daß der tief war. Du ranntest die paar Schritte zum Graben und sahst den kleinen hilflosen Jungen im Wasser. Er tauchte gerade wieder auf. In deinem Inneren sahst du ihn schon ertrinken, warst steif vor Angst und konntest nur einen gequälten Schrei herausbringen. Einer der Erwachsenen kam gerannt und rettete deinen Cousin. Du wurdest gescholten, und man fragte dich, warum du denn nicht geholfen hättest. Du versuchtest zu erklären, aber niemand hörte dir zu. Niemand verstand deine Lähmung in der Angst.

Du wurdest als vertrauensunwürdig gesehen. Deine Handlung war falsch gewesen, und ganz tief in dir war ein Bösewicht, der ausgetrieben werden mußte. Und als du versuchen wolltest, dich zu retten und zu erklären, was passiert war, da gab dir einer der Erwachsenen eine Ohrfeige und schickte dich weg.

Ich kann es dir in den Worten sagen, die du heute verstehst. Damals hättest du sie nicht verstanden. Aber die Wirkung dieser Einstellung hast du gefühlt, und es hat dich gekränkt, ohne daß du es hättest sagen können. Du hast gespürt, daß man glaubte, man müsse dir Moral und moralisches Handeln beibringen. Du warst schlecht und böse und mußtest durch die richtige Handhabe der Erwachsenen zu einem aufrechten Menschen gemacht werden. Diesen Glauben hast du ihnen angemerkt, und in dir hat alles rebelliert, aber du warst zu schwach und hattest nichts, was du dagegensetzen konntest. Du warst dieser tiefen Kränkung ausgeliefert.

20

»Nein, das darf ich mir nicht anhören. Du kannst dich nicht bei mir über deinen Vater beschweren.« So sprach deine Mutter, und damit hattest du die letzte Möglichkeit verloren, jemandem, der dir helfen konnte, deine Not anzuvertrauen. Du hast unter der Stärke deines Vaters gelitten. Er bestimmte dein Leben, ließ dir keinen Freiraum und konnte sehr hart werden, wenn du nicht gehorchtest.

Durch diese Aussage deiner Mutter standen deine Eltern plötzlich in einer erschreckenden Stärke vereint vor dir. Zwei Erwachsene gegen ein hilfloses Kind. Du warst allein. Als dein Vater dann gerade zufällig ins Zimmer kam, schienen die beiden noch zu wachsen und wie Gottheiten über dir zu stehen. Einen Moment lang zerbrach dein Vertrauen, und du wußtest nicht, ob sie dich noch liebten – wie Feinde standen sie über dir. Du fielst zurück in eine Art Kindsein, die du eigentlich schon verlassen hattest. Wieder einmal wurde verstärkt, daß ein Kind wenig bedeutet und daß mit Willkür über es bestimmt werden kann. Du wurdest ein Stück unmündiger, als du es eigentlich warst. Unmündig heißt ohne Mund, weil deine Mutter dir an dieser wichtigen Stelle den Mund verboten hatte. Du warst sprachlos und mußtest es alles in dir abmachen, in der ganzen Unsicherheit eines Kindes.

Natürlich hast du damals nicht gewußt, daß deine Mutter es nicht ertragen hätte, wenn sie dir zugehört hätte, denn auch sie litt, wenn auch unbewußt, unter der bestimmenden Weise deines Vaters. Durch deine Worte wäre ihr etwas deutlich geworden, was sie nicht verdeutlicht haben wollte.

21

Ich habe dein Staunen beobachtet über das, was ich gerade sagte. Ich weiß, daß du dich daran nicht erinnern kannst. Du wirst dich an viele Begegnungen dieser Art nicht erinnern können. Es war schon damals wichtig für dich, diese Begegnung so schnell wie möglich wieder zu vergessen. Du wolltest deine Eltern rein vor dir selbst erhalten, wolltest nicht, daß sie fehlbar waren. Wenn sie fehlbar gewesen wären, hättest du noch mehr verloren.

So entstand in dir ein Kampf: Einerseits erlebtest

du, was du erlebtest, und wolltest dazu stehen; andererseits wolltest du weiter an deine Eltern glauben. Beides schien nicht zu gehen. Da wähltest du das einfachere der beiden: Du bist gegen dich und deine Gefühle angegangen und entschuldigtest deine Eltern vor dir. Deine Eltern blieben fehlerlos und liebenswert, und du lerntest, deinen Gefühlen nicht zu trauen.

22

Er stellte sich vor dich hin, klotzig, frech und einschüchternd. Er war einen Kopf größer als du. Die andern traten zurück. Du warst allein.

Er konnte nicht richtig reden, vielleicht wollte er es auch nicht. Etwas an dir hatte ihn gestört, aber er hätte es selbst nicht sagen können, was es war. Vielleicht war es eine gewisse Empfindsamkeit, die dir anzuspüren war, wenn ihr in der Klasse Gedichte bespracht, oder wie du manchmal mit deiner Schwester nach Hause gingst. Es ist eigentlich egal, was es war. Jetzt stand er vor dir und wollte sich mit dir schlagen. Du hattest nichts gegen ihn, und du erinnerst dich nicht, ihm etwas getan zu haben. Du verstandest noch nicht, daß man dadurch, daß man etwas nicht ist oder nicht tut, den ganzen Ärger eines Menschen auf sich ziehen kann. Nicht nur Taten, sondern auch Unterlassungen ziehen Reaktionen nach sich.

Erst wolltest du reden, aber du wußtest, schon ehe du anfingst, daß das ihm gegenüber nichts bringen würde. Jedes Wort würde für ihn zum Nachteil sein, und sein Nachteil war automatisch dein Nachteil, sein Ärger deine Prügel. So warst du still. Dir gelang es, ihn furchtlos anzusehen, auch als du innerlich zittertest. (Du hattest mal bei Karl May gelesen, wie wichtig der feste Blick sei.) Das machte ihn unsicher, aber er schlug trotzdem zu. Ein paar Mal. Du schlugst nicht zurück. Die andern lachten. Die Sonne stand gerade über den Baumspitzen des Schulhofs. Etwas weiter entfernt hörtest du das Summen eines Autos. Die Zeit stand still. Du warst Opfer. Du schlugst nicht zurück. Als er zu einem neuen Schlag ausholte, trafen sich eure Augen. Und als er dann trotzdem schlug, war es, als träfe er sich selbst. Da drehte er sich um und ging davon. Du hast es damals nicht ganz verstanden, hast dich gewundert, warum er so schnell von dir abließ, aber in dir wuchs die Ahnung von einer anderen Stärke.

Niemand hat die Klopperei ernst genommen, besonders nicht, weil du nicht zurückgeschlagen hast und es darum zu keiner richtigen Schlägerei kam. Aber in dir hinterließ das Erlebnis viele Fragen. Du hast seinen Ärger nicht verstehen können, auch nicht, als ihr später fast Freunde wurdet und er es dir versucht hat zu erklären. Er sagte, daß er etwas Heiles schlagen und zerstören wollte, etwas, was er nicht hatte. Du kanntest dich zu wenig, um zu wissen, was er als »Heiles« an dir empfunden hatte.

Auch wenn du es nicht verstanden hast, so hast du doch begriffen, daß von jedem Menschen etwas ausgeht, und dir viele Gedanken darüber gemacht. Das Wort »Ausstrahlung« hast du natürlich noch nicht gekannt.

23

Momente. Dunkle Momente. Da wußten die anderen alle, was aus dir werden würde. Beteiligt daran waren die Verwandten, die hemmungslos schlaumeierischen Onkel und Tanten, die Nachbarn, die Lehrer und manchmal auch deine Eltern. Da wurdest du eingeschlossen, festgelegt, bevormundet. Da wurde deine Zukunft entschieden, und du warst nur Zuschauer. Da galt nur das Praktische, das Logische, das, was sich an Möglichkeiten anbot. Da war kein Traum, kein Zauber der Zukunft und keine Hoffnung, die größer als die Vernunft gewesen wären. Da war das Diktat der grauen Wirklichkeit, die Sachlichkeit der Kleinkarierten.

Noch dunkler waren die Momente, in denen dir gesagt wurde, daß nichts aus dir werden würde. Du würdest immer ein Taugenichts sein. Und du hast es geglaubt. Tief in dir hast du die Wahrheit dieser Aussagen gespürt. Die Aussagen der Erwachsenen, die Aussagen der Gewalt. In diesen Momenten bist du in dir zusammengefallen, und manchmal hat es lange gedauert, ehe du dich wieder aus dem Loch herausgearbeitet hast. Längst hatten die Erwachsenen ihre Worte vergessen, hatten ihr verheerendes Urteil längst vergessen.

24

Hast du noch die Zeit in Erinnerung, in der du in deinen Gefühlen fast erstickt bist? In dir brach eine Welt auf, die du nicht kanntest, die wie ein Schreck da war, und es gab niemand, der dir zuhörte. Du hast nach Buntstiften gesucht, hast getanzt wie ein

Verrückter, bis du still wurdest und fast erstickt bist. Da hast du in deiner Verzweiflung entschieden, nicht mehr zu fühlen. Aber dafür war es zu spät. Du hast gefühlt, gefühlt, gefühlt.

Ich sage es dir jetzt, weil du es nie wirklich zugelassen hast, das zu wissen. Du hast es dir selbst verschwiegen. Von daher rührt noch deine tiefe Angst vor deinen Gefühlen. Immer spürst du den Rand zu dem Abgrund, in den du wieder fallen kannst. Wieder überwältigt zu werden von den Hyänen deiner Gefühle, unfähig zu sein, du selbst zu bleiben.

Es begann an einem Tag wie andere. Der Himmel war blau, ein leichter Wind in den Bäumen und über den Wiesen. Das waren Tage, an denen du voller Tatendrang warst. Herrlich, lebendig zu sein. Du lebtest und wußtest es.

Dann geschah es. Auch jetzt noch willst du nicht wissen, was du getan hattest, und es ist auch nicht wichtig. Plötzlich war alles falsch. Dein Vater hat dir eine Ohrfeige gegeben, ein Schlag mitten in das intensivste Leben, das du kanntest, und dann mußtest du dich entschuldigen und wußtest nicht einmal, wofür. Der Schlag beendete dein Leben, so schien es dir jedenfalls. Dein Vater war ein Feind deines Lebens. Wie brutal und unverständig schien er dir damals.

Und als du ihn dann später ansprechen wolltest, da wollte er nicht mit dir reden. Er wies dich zurück, und du warst schrecklich allein mit deinem Gefühlswust. Voller Schuld und durcheinander.

25

Kannst du verstehen, daß du so manches von dem, was ich dir erzähle, damals nicht verarbeiten konntest und es tief in dir vergraben mußtest? Es liegt so tief in dir, daß du den Zugang dazu verloren hast. Du hast vergessen, was es war, und du hast auch vergessen, daß du vergessen hast. Das ist das Sicherste. Du begibst dich so nicht auf die Suche nach deiner Vergangenheit, weil du gar nicht weißt, daß du eine Vergangenheit hast, die es zu entdekken gäbe. So bist du sicher vor deinem Schmerz der damaligen Zeit, aber auch vor dem Schmerz, der sich noch einstellen könnte, wenn du feststellen solltest, daß manches anders war, als du es in Erinnerung hast. Vielleicht müßtest du heute noch hassen, verachten und um dich schlagen, um frei zu werden von deiner Vergangenheit.

26

Es gab ein Erlebnis, das sich sehr tief in deine Seele gesenkt hat. Warst du vielleicht zehn, als du die Freundin deiner Mutter zum ersten Mal sahst? Es wird das Alter gewesen sein. Sie verwickelte dich in ein Gespräch und legte dabei einen Arm um dich. Aber mehr als alles andere sah sie dich an, wie dich niemand anders bisher angesehen hatte, auch nicht deine Mutter. In ihrem Blick war so viel Nähe und Ermutigung, daß du zuerst beschämt wegsahst. Es war dir zu konzentriert und zu fremd. Du konntest den Blick nicht deuten. Erst als er mit Worten und Gesten verbunden war, die dich so tief berührten, erst dann geschah das Wunder, das dich monate- und dann jahrelang beschäftigt hat: Du erlebtest ein anderes Selbst an dir! Unter ihrem Blick verwandeltest du dich in einen dir fast unbekannten Menschen. Der Mensch, den du erlebtest, war der, den du schon lange in dir geahnt hattest, den du aber nicht wirklich zu Wort kommen lassen konntest. Er schlummerte in dir und wartete auf seine Chance.

Von dem Moment an begann deine Sehnsucht nach deinem anderen Ich. Du wünschtest dir diese Verzauberung immer wieder neu, und weil die Freundin deiner Mutter öfter zu Besuch kam, war es möglich, dich selbst öfter so zu erleben. Du lerntest dich selbst kennen, weil deinem eigenen Ausdruck nichts im Wege stand. Du wurdest eingeladen, das zu tun und zu sagen, was in dir war. Du mußtest nicht darüber reflektieren, was richtig war und von dir erwartet wurde. Du durftest *du* sein, ohne Einschränkungen. Du mußtest nicht gefallen und gefielst trotzdem. Als ihr dann wegzogt und die Freundin deiner Mutter ein Jahr später bei einem Autounfall starb, da glaubtest du zunächst, daß jetzt diese Seite an dir auf immer verschüttet werden würde. Aber du hast weiter gesucht.

Manchmal hast du deine Verwandten über diese Frau reden hören, du warst dann schon ein Teenager und konntest es besser verstehen. Sie sprachen von ihrer Eigenart und wie sie Jugendliche immer zu hoch eingeschätzt hatte und von ihrer übertriebenen Hoffnung und ihrem Glauben an den Menschen. Und du merktest, daß sie sie nicht verstanden, jedenfalls nicht so wie du.

Von ihr hast du deinen Glauben an das andere in dir und an Menschen allgemein. Das ist ihr Vermächtnis. Dadurch wirkt sie auch heute noch.

Vielleicht liegt das Erlebnis so weit zurück, daß du dich nicht mehr so genau erinnerst an die erste Begegnung mit dieser Frau. Darum will ich dir den Menschen, den du damals in dir sahst, beschreiben.

Er wollte leben. Er wollte empfindsam sein und war es auch. Er spürte in sich Liebe, die nicht gefordert werden mußte, weil sie freiwillig gegeben werden wollte. Er spürte das stille Staunen und den tiefen Respekt vor den Erwachsenen, aber auch den Respekt vor den eigenen Wünschen und der eigenen Überzeugung. Diese Form von dir war nicht nur willig, sondern auch fähig, Entscheidungen zu treffen. Es war ein Mensch, der begierig war zu lernen, der das Wunder des Menschseins und der ganzen Welt in sich aufnahm und im Herzen bewegte. Dieser Mensch in dir spürte seine Gefühle, stand zu ihnen und lernte sie zu unterscheiden. Und so liebtest du dich! Du warst fasziniert von deinen Möglichkeiten. Du ahntest dich selbst. So warst du dir wertvoll, und das Wohlsein in deinem Wert floß zurück zu dieser Frau, und es gab eine Bewegung der Liebe zwischen euch beiden, auch über ihren Tod hinaus.

Danach hast du dich oft gefragt, warum deine Mutter diese Seite nicht in dir hervorbringen konnte. Als du älter wurdest, wußtest du, daß ihre Pflicht, dich zu erziehen, ihr immer wieder im Wege stand. Sie lebte unter dem inneren Zwang, aus dir einen »ordentlichen Menschen« machen zu müssen, und sie hatte gelernt, daß zuviel Liebe dem zuwider wirken kann. Sie wollte dich nicht verziehen, dich nicht verweichlichen. Sie konnte nicht über ihre eigene Erziehung hinaus. Ihre Ängste vor Freiheit und Liebe setzten sie gefangen. Pflicht und Verantwortung waren die wichtigen Worte für sie.

So verstand sie ihre Liebe zu dir. So wurdest du ein ordentlicher Mensch, mir der tiefen Sehnsucht nach deinem anderen Selbst.

27

Du warst höchstens vierzehn. Du hast an dem Zustand der Welt gelitten, an den Kriegen und dem Haß zwischen den Nationen. An der Zerstörung der Umwelt und an der Unfähigkeit von Männern und Frauen, zueinanderzufinden. An der Rüstung und an den Flüchtlingen. An dem Hunger überall auf der Welt. Aber niemand wollte mit dir darüber reden. Man traute es dir nicht zu, daß es dich wirklich beschwerte. Dafür schienst du doch noch zu jung. Aber du warst nicht zu jung. Schon damals hattest du die Fähigkeit, Schmerz in dich aufzunehmen, aber noch nicht die Fähigkeit, mit dem Schmerz umzugehen. An diesem Unterschied hast du gelitten.

Später hast du dann immer Schwarz getragen. Das war deine verdrängte Trauer. Weil du nicht traurig sein durftest, hast du alles in deine Kleidung gelegt. Es war Mode, aber du hast es nicht wegen der Mode getan, sondern wegen deinem Leiden.

Für manche deiner Freunde bist du immer der geblieben, der Schwarz trug. Sie haben dich mit Schwere verbunden, und durch ihre Augen hast du dich selbst auch ein Stück so gesehen. So fügte sich Stück um Stück zu dem Mosaik.

28

Du warst mit deinen besten Freunden an einem See zum Zelten. Am zweiten Morgen wachtest du noch vor Sonnenaufgang auf und fuhrst allein mit dem Faltboot auf den See. Stille. Nebel auf dem Wasser. Dein Paddel hinterließ kleine Strudel, das Boot glitt wie auf Glas. Geräuschlos machtest du ein Feuer und wartetest, daß die andern aufstanden. In dieser stillen Stunde fand sich etwas in dir zusammen, und du begriffst die Zusammengehörigkeit aller Dinge. Die Welt war heilig, und du warst in ihr beheimatet. An dem Morgen hast du das Leben geliebt, so bewußt und ganz wie nie zuvor. Das hat dich bis heute nicht verlassen. Es wurde zu einem Stück deines Kerns. Neben dem jungen Mann in Schwarz existierte der Hoffnungsvolle.

Du wunderst dich?! Ja, deine Hoffnung kommt von Erlebnissen wie an diesem Morgen. Du warst damals fünfzehn, und das war der Sommer, in dem du offen warst für das Glück in seinen vielen Gestalten.

29

Beim Bergsteigen: Du hättest loslassen und ihn abstürzen lassen können, deinen besten Freund. Es gab etwas in dir, das hätte es tun können. Ihr wart beide sechzehn. Es war ein Schrecken. Auch wenn du es nie getan hättest. Nie. Aber fähig dazu warst du.

Das war der Abgrund in dir, der wie etwas ganz Fremdes über dich kam. Niemand anders konnte so sein wie du, dachtest du dann. Niemand, und du mußtest darum so etwas ganz für dich behalten. Du hast dich im Spiegel betrachtet und warst dir fremd. Du wolltest den Menschen nicht kennen, der so sein konnte. Du nahmst Abstand von dir und kanntest dich doch.

30

Flüstere mir ins Ohr, was du damals geträumt hast. Mit sechzehn, mit siebzehn, mit achtzehn, mit neunzehn. Laß dir Zeit und belächle diesmal nicht, was du damals gewünscht hast. Wenn du jetzt Worte dafür findest, dann hast du ausgedrückt, was damals Millionen mit dir empfanden. Das war die Sehnsucht aller Jugendlichen. Und bis heute ist das nicht anders geworden. Formuliere es wenigstens heute, damals hast du dich nicht getraut. Flüstere es mir ins Ohr, auch wenn ich es schon lange weiß. Du mußt es sagen. Oder schreibe es auf, damit du es ansehen und lesen kannst. Es ist wichtig, auch wenn es schon Jahre her ist. Die verschlossenen Türen der Vergangenheit halten manche Türen der Zukunft verschlossen.

31

Ich merke, wie du immer wieder dein Inneres absuchst nach Verhaltensweisen, die dich an deine Mutter binden. Du hast Angst, daß es noch etwas gibt, das du nicht weißt und nicht merkst und das dich doch bestimmt.

Als du dich damals mit sechzehn entschieden hattest, ein Jahr als Austauschschüler ins Ausland zu gehen, sogar bis nach Kanada, da hast du deiner Mutter ihre Enttäuschung angemerkt. Sie hat nicht viel gesagt, sie wußte ja auch, wie entschieden du sein konntest, aber du hast gespürt, daß du es gegen sie tun mußtest. Sie hat dich fühlen lassen, daß du sie damit verletzt, und es ist dir unendlich schwergefallen, trotzdem zu gehen. Beim Abschied hat sie dir tief in die Augen gesehen und dir alles Gute gewünscht, aber mit dem Ton ihrer Stimme und mit dem Ausdruck in ihren Augen hat sie gesagt: Bleib, bleib, bleib! Dein Schuldgefühl ist gewachsen.

Da ist dir aufgefallen, daß sie dich nicht loslassen konnte, daß sie dich mit hauchdünnen Fäden festhielt. Auch wenn die Fäden dünn waren, oder vielleicht sogar deswegen, gingen sie so tief, bis hinein in das Körperliche deines Lebens. Du hast die großen Bewegungen gegen sie gemacht, hast dich befreit, wie das ein junger Mann tut, ihr manchmal sogar Schmerzen zugefügt, die übertrieben schienen, und bist doch nicht wirklich frei geworden. Die dünnen Fäden hielten, die kleinen Befreiungen erfolgten nicht.

Es ist davon nicht viel geblieben, nicht viel Sichtbares, Äußeres, du hast dein Leben gefunden. Und doch, es hat ein Pflichtempfinden in dir geprägt, dem du auch heute nicht entkommst. Pflicht aus Druck, nicht aus Entscheidung. Weil du mit jeder deiner früheren Lösungen deine Mutter enttäuscht und ihr Bild von dir gestört hast, darum war deinen Lösungen ein Schuldempfinden beigemischt. Du wußtest, daß dieses Loslösen keinen Platz hatte in dem Bild, das deine Mutter hatte von der Liebe des Kindes zur Mutter. Deine Mutter wünschte die Nähe ohne Zwischenraum. Nie hätte sie das so gesagt, vielleicht noch nicht einmal gedacht. Sie hat dir doch sogar gesagt, daß du auf eigenen Füßen stehen solltest. Und doch schickte sie auch eine andere Botschaft aus, die dir das schlechte Gewissen machte wegen deiner Loslösung.

Aber es war nicht nur, was deine Mutter mit dir machte. Du hast es ihr auch erlaubt. Du hast auch von ihrem Wunsch nach Nähe gelebt. Es war nicht so einseitig. So habt ihr die ersten neun Monate eures gemeinsamen Lebens noch verlängert.

32

Du hast gemerkt, daß dein Vater dich nie etwas Persönliches gefragt hat. Deine Zensuren in der Schule wollte er wissen und ob du deine Hausaufgaben gemacht hast. Aber was du fühltest, schien ihn nicht zu interessieren. Auch nicht, was du über die Dinge der Welt dachtest, über die Politik, die Wirtschaft, die Kultur. Er schien es nicht zu schaffen, überhaupt zu fragen, als wäre Fragen eine Schwäche, die er nicht zugeben wollte. Du warst neunzehn, als du zum ersten Mal deinen tiefen Wunsch entdecktest, von ihm gefragt zu werden, er es aber nicht tat. Manchmal hast du ihn angesehen, als müßte er doch dein Bedürfnis wahrnehmen, aber die Art von Fragen, die du dir wünschtest und anhand derer du gemerkt hättest, daß ihm deine Meinung zu irgend etwas nicht egal gewesen wäre, diese Fragen kamen nicht. So konntest du ihm kein Gegenüber werden, und er blieb es dir immer weniger.

33

Ich lade dich heute ein, mit mir an den Baum zu kommen, an dem du gestanden hast, als du zwanzig warst, wo du, wie nie vorher, erlebt hast, daß du die Wahl hast, erwachsen zu werden oder weiter ein Jugendlicher zu bleiben.

Leg die Arme um den Baum und laß den Schrei los, den du damals zurückgehalten hast. Du wolltest so bitterlich gern schreien: Ich will keinen Druck mehr in meinem Leben haben! Und gemeint hast du damit deine Angst, die falsche Entscheidung mit deiner Freundin zu treffen. Du hast gelitten, tue jetzt nicht so, als sei es nicht so gewesen, du hast immer wieder überlegt und keinen Ausweg gewußt. Was du damals unter Liebe verstandest, das fehlte dir an ihr. Ihr wart Freunde, aber sie wollte mehr. Doch zu dem, was sie wollte, warst du nicht bereit. Für diese Bindung fühltest du dich zu jung, zu unfähig.

An diesem Baum hast du dann die Entscheidung getroffen, und am nächsten Tag hast du es ihr gesagt. Sie hat es erst nicht verstanden, hat dich angeklagt, dir Briefe geschrieben, dich sogar bei euren gemeinsamen Freunden verleumdet, aber später hat sie dir gedankt für deine Offenheit und Ehrlichkeit. Es war dein erster großer Ausbruch aus dem Liebsein, weil du mit dem Liebsein nicht noch mehr zerstören wolltest. Fast nur intuitiv hast du begriffen, daß du so handeln mußtest, daß es auch nur so deiner Freundin gegenüber fair war.

Diese Entscheidung war viel mehr, als du damals wußtest. Es ging nicht nur um deine Freundin, sondern um dich. Es war einer deiner wichtigsten Schritte ins Erwachsensein. Der Baum steht noch.

34

Dein Glaube hat dich damals blockiert für die Welt. Manches konntest du nicht wirklich öffnen, es war schon von vornherein geschlossen. Du hast dich herausgenommen aus den üblichen Abläufen. Du standest daneben wie ein Beobachter. Du warst nicht besser, aber du warst anders, so hast du geglaubt, und fühltest dich darum auch so. Dabei warst du nicht anders. Nur hast du dir nicht erlaubt, manches zu fühlen und deinen Gefühlen nachzugehen.

Du hast den Halt deiner Gruppe gehabt, aber letztlich war das auch kein Halt, weil auch die andern merkten, daß etwas an ihnen nicht stimmte. Aber weil ihr alle zusammen das Spiel gespielt habt, war die Illusion schwerer aufzugeben.

Ganz wirst du dieses Getrenntsein wohl nie aufheben können. Du wirst immer ein Beobachter sein, aber durch dein intensives Beobachten wirst du die Menschen, von denen du getrennt bist, manchmal besser verstehen, als sie sich selbst verstehen. Begreifst du, warum du manchmal etwas neidisch auf das bunte Leben um dich siehst und das Empfinden hast, etwas zu verpassen? Der Gott, an den du geglaubt hast, der hat dich abgesondert. Er wollte dich ganz für sich. Er war ein eifersüchtiger Gott, der dich nicht mit der Welt teilen wollte. Er wollte dich nicht einmal mit dir selbst teilen. Ein Gott, der gegen das selbständige Leben war, das sich in dir entwickelte. Manchmal macht er sich auch heute noch bemerkbar, aber sein Einfluß ist nicht mehr sehr groß.

35

Erinnerst du dich an den Apriltag, als du dir selbst begegnet bist? Du warst damals gerade in einer Phase, wo du nicht mehr wußtest, was *wirklich* war und was du dir einbildetest. Du gingst die Einkaufsstraße entlang, sahst dich plötzlich in einem Schaufenster und erkanntest dich nicht. Erst im nächsten Schaufenster wußtest du, daß du es warst, aber du hattest die Beziehung zu dir selbst verloren. Du hast dich dann den ganzen Tag beobachtet. In den Schaufenstern, Spiegeln und Autoscheiben. Du warst fasziniert von dem fremden Mann, dessen Innenleben du doch kanntest.

Du konntest dich an dem Tag so sehen, wie andere dich vielleicht sehen, und du bekamst einen Schreck. Du mochtest dich nicht und hast versucht, verzweifelt versucht, dir ein anderes Bild von dir selbst einzureden. Ich bin anders, ich bin anders, hast du immer wieder gemurmelt, aber geglaubt hast du es nicht. Das war deine Chance.

Ich war es, der dir aus den Schaufenstern entgegensah. Ich wollte damals schon mit dir reden, aber du hast mich abgewiesen. Du warst noch so schrecklich sicher und selbstgerecht. Nichts konnte dich erreichen.

36

Als ihr euch traft, hast du bald gespürt, daß diesmal die Frage der Ehe auf dich zukam. Ihr wart beide alt genug, und du hast auch eine feste Beziehung gewünscht. Später hast du gedacht, daß du damals reif warst für die Illusion. Du wolltest jemandem gehören und wolltest auch jemanden besitzen. Du wolltest die Geborgenheit und Verschmelzung.

Es folgte die stürmische Zeit der Grenzenlosigkeit, der Glaube an die Einmaligkeit der eigenen Beziehung, die vielen hundert Stunden Gespräch, in denen ihr eure Sehnsüchte artikuliert habt und einander direkt oder indirekt das Bild anvertraut habt, wie ihr miteinander leben wolltet. Du hast dich ganz in die Gespräche hineingegeben, und manchmal war es dir, als würde in diesen Gesprächen deine zersplitterte Person heil werden. Du hast geliebt, geglaubt und besonders gehofft. Du hast in deiner Ehe den Ausweg aus dem Alleinsein gesehen.

Dann häuften sich die Momente, in denen du mehr und mehr begriffst, daß diese Beziehung deine letzten Kraftreserven forderte. Da fiel die Illusion von dir ab, und eine schmerzliche Wirklichkeit trat an ihre Stelle. Erst dann hast du gemerkt, wie stark dein Wunsch nach einer Täuschung gewesen war und wie wichtig es jetzt war, den schmerzhaften Weg durch die Enttäuschung zu gehen. An nichts bist du so gereift wie an dieser Entwicklung, auch wenn du oft gegen sie gekämpft hast und es manchmal noch tust.

37

Du warst ins Ausland gefahren. Ein Bettler trat auf dich zu. Du hattest dein Portemonnaie im Hotel gelassen und konntest ihm nicht erklären, daß du nichts hattest. Du zogst die Schultern hoch. Er verfluchte dich. Tagelang wolltest du dich nicht mehr im Spiegel ansehen.

Wie ein Gift zog die Hoffnungslosigkeit in dich ein: Du begriffst, daß du an dem Leid der Welt nichts oder nur ganz wenig ändern konntest. Dieser Bettler würde nie über sein Minimaldasein hinauskommen, vielleicht würde er sogar an Unterernährung sterben. Körperlich spürtest du seinen Fluch, wie einen Fluch über deine ganze Welt, über den westlichen Reichtum, die abendländische Dekadenz. Du schämtest dich deiner Welt und konntest doch nicht aus ihr heraus.

38

Schon damals hast du begonnen, einen Vorrat an Stille in dir anzulegen. Erinnerst du dich, wie nötig du es hattest, die langen Spaziergänge im Wald zu machen? Die Welt um dich lebte zu schnell. Deine Seele kam nicht mit, und ab und zu mußtest du ihr die Gelegenheit geben, dich wieder einzuholen. Es war ein innerliches Verschnaufen. Manchmal hast du die Stille vernachlässigt, und meistens hast du irgendwie dafür bezahlen müssen. Du mußt glauben, daß du sie so nötig hast wie Essen und Trinken. Vielleicht können andere ohne Stille leben, aber du nicht.

39

Sie war Sehnsucht, du warst Korrektheit. Sie war Bedürfnis, du warst Vorbildlichkeit. Weißt du noch, wie sie auf dich zugekommen ist und du Angst hattest, dich zu verlieren? Du hast gewußt, daß sie leben wollte, aber du hast Angst gehabt, daß ihr Lebenswille dich irgendwie kompromittieren könnte. Du hast um deinen Ruf gebangt. Deine Angst war lächerlich, aber auch katastrophal, weil sie verhängnisvolle Folgen hatte.

Immer wieder gab es Situationen, in denen sie dir andeutete, daß sie deine Liebe wünschte, daß sie dich brauchte. Aber du hast an dem alten Bild der Liebe gehangen. Du hast geglaubt, daß die Liebe mit jedem Verschenken weniger wird, bis du keine mehr hast. Und zu dem alten Bild gehörte auch, daß man nur Frau und Kinder »liebt«. Alle anderen »mag« man. Und an diesem »Gemocht-Werden« ist sie langsam gestorben. Erinnerst du dich noch an den Moment, als sie mit dir allein in einem Zimmer bei deinen Verwandten war und als sie dir um den Hals fiel, sich mit ihren Fingern fast in deinen Wangen verkrallte und dich stürmisch küßte? Oder hast du das ganz verdrängt? Das war ihr letzter großer Versuch. Du hast auch gewußt, daß sie deine Ehe nicht zerstören wollte, daß sie aber Zuwendung suchte, die einen Unterschied in ihrem Leben bedeuten würde.

Du hast ihre Hände von deinen Wangen genommen. Du hast ihren Blick gebrochen. Du hast dir sogar, noch in ihrer Anwesenheit, den Mund abgewischt, als wäre er von ihrem Kuß dreckig geworden. Das war der Todesstoß. Das hast du nie zugegeben. Du warst erfinderisch in deiner Erklärung für ihren Tod. Aber du weißt, daß sie an fehlender Liebe gestorben ist und daß sie diese Liebe auch von dir erwartet hat. In gewisser Weise macht ihr Tod es lächerlich unwichtig, ob du sie hättest lieben können. Sie ging unter. Du aber standest auf festem Land, ein schrecklicher, unbeirrbarer Leuchtturm.

Tu doch nicht so, als wenn dir alles fremd wäre. Ich weiß doch um deine schlaflosen Nächte, an die du dich kaum noch erinnerst, jetzt, Jahre nach ihrem Tod. Du hast dich in deiner Schuld gewälzt. So hast du es jedenfalls damals erlebt.

Diese ganze Begebenheit hat ein Loch in alles gerissen, was du damals kanntest und glaubtest. Es hat dich so tief durcheinandergebracht, daß es dir unmöglich war, damit zu leben. Darum hast du das Loch zugestopft mit versteckten Entschuldigungen, mit passenden Sprüchen und cleveren Theorien, mit wichtigen Aktivitäten. Es ist dir gelungen. Du bist dir selbst entkommen und mußtest nicht mehr nach einer Form der Liebe suchen, die lebbar gewesen wäre, auch ihr gegenüber. Und doch hast du gesucht, manchmal wie ein Verrückter, tief in dir, wo du dich selbst nicht kanntest. Deine Verzweiflung, die du nur selten zugelassen hast, kam aus dieser Unfähigkeit, so zu lieben, daß es einen Unterschied in der Welt bedeuten würde.

40

Gestern hast du mich mitten im Satz, mitten im Bild, das ich dir malte, unterbrochen und dich von mir abgeschnitten. Mit einem Mal warst du nicht mehr da für meine Worte. Ich habe dich beobachtet, dein fast verzweifeltes Abriegeln vor meinen Worten. Ich kann deine Angst verstehen. Ich wühle dich auf.

Ich merke, daß du es wieder machen willst, aber laß mich nur noch ein paar Sätze sagen. Ich will nichts gegen deinen Willen tun, das habe ich dir ja zu Anfang schon gesagt, und ich bin nur gekommen, weil du mich eingeladen hast. Wenn du dich so von mir bedrängt fühlst, wenn du nichts mehr hören willst, wenn du innerlich davonrennst oder meinst, ich lüge mit dem, was ich dir erzähle, dann mußt du wissen, daß genau das die wichtigen Dinge sind, die du dir anhören mußt. Vielleicht nicht jetzt, es mag noch nicht Zeit sein, aber irgendwann mußt du sie angehen, wenn du frei sein und in Besitz deines Lebens gelangen willst. Ich will dir nicht weh tun, aber das Erkennen schmerzt. Es liegt in der Natur der Sache.

Jetzt lasse ich dich in Frieden. Bleib bei dir und rufe mich, wenn du mich wieder wünschst.

Was ist

Die Gegenwart ist die einzige Zeit,
in der wir aktiv Entscheidungen treffen können.

Wie bewußt wir dies begreifen,
entscheidet über unsere Vergangenheit
und unsere Zukunft.

1

Es ist nun schon einige Wochen her, seitdem wir das letzte Mal miteinander geredet haben. Ich habe mich zurückgezogen und auf deinen Ruf gewartet. Heute kam er so vorsichtig und zurückhaltend, daß ich mir erst nicht sicher war, ob du tatsächlich gerufen hast.

Du hast mich zu dir ins Krankenhaus gerufen. Du bist krank geworden, aber die Ärzte finden nichts an dir, und du selbst weißt auch nicht, was es sein könnte. Glaubst du mir, daß es deine Seele ist? Sie ist durcheinander, weil du ihr erst erlaubt hast zu sprechen und sie dann abgeschnitten hast. Sie hatte dir noch sehr viel zu sagen. Ich habe für sie gesprochen, habe dir erzählt, was sie gekränkt hat und woran sie auch noch heute leidet. Du hast es mir nicht geglaubt und mich weggeschickt, und deine Seele begann wieder zu schweigen und zu leiden. Sie ist es, die gehört werden will, auch wenn es nötig wird, dich ins Krankenhaus zu bringen, damit du sie hörst.

Laß mich jetzt hier mitten in der Nacht bei dir sein. Ich will dir zeigen, daß ich nicht gegen dich bin, sondern daß ich deine Heimat bin. Erlaube dir, dich nur an das zu erinnern, was dir wichtig erscheint. Das wird genug sein, um dich hier wieder herauszubringen und an einen Ort zu gehen, wo ich unter weniger Druck mit dir reden kann. Hier in dem Trubel des Krankenhauses habe ich nur eine geringe Chance, wirklich gehört zu werden. Selbst wenn du etwas träumst, wird es sicherlich einige Ärzte geben und vielleicht auch Schwestern, die dir raten, deinen Traum nicht so ernst zu nehmen. Träume sind Schäume, wird sicherlich irgend jemand sagen. Es gehört sich so. Und so wirst du deine Träume und mich nicht weiter hören, und du wirst krank bleiben, auch wenn mit Medikamenten die Symptome verdrängt werden. Spürst du die Liebe in meiner Stimme? Wenn du mir Platz in deinem Leben einräumst, kannst du gesunden.

2

Wir sind jetzt bei der Gegenwart angelangt. Du hast gewisse Ziele erreicht, andere hast du aufgegeben. Was deine Ziele anbetrifft, hast du eigentlich auf zwei Ebenen gelebt. Weil du ein wenig schüchtern warst, hast du keine hohen Ziele gehabt. Du wolltest nicht übertreiben, wolltest nicht großspurig sein, nicht die Welt retten oder Großes leisten. Du warst zufrieden, nicht über die Bildschirme der Welt zu wandern. Diese Art von Größenwahn war dir schon in der Schule bei einigen Klassenkameraden auf die Nerven gegangen. Du wolltest einfach und menschlich sein. Du hast noch nicht einmal daran gedacht, dein eigenes Haus zu besitzen. Eine schöne Mietwohnung war dir genug. Das gehörte sich so, so hast du es gelernt.

Das war die eine Seite. Aber darunter, da hast du geträumt, so tief und ausgiebig, daß du es dir selbst nicht eingestehen konntest. Da hat sich alles in dir zu einem Wunsch zusammengezogen, und der Wunsch in seinen vielen Gestalten hieß immer wieder: Lebenserfüllung! Du wolltest nicht unbedingt einen Reichtum an Geld und Besitz, wohl aber einen Reichtum an Leben, LEBEN, du hast es dir immer in Großbuchstaben vorgestellt. Manchmal hast du dabei vergessen, wo du warst, hast dich in

Tagträume gestürzt, warst überall, hast tief geliebt, konntest hoch fliegen, hast dich geopfert und dafür bewundern lassen. Du hast über dich selbst gestaunt. Und dann ... dann ... dann hast du dich bei diesen Träumen erwischt, bist über dich erschrokken und hast sofort alles zugemacht, weil du wußtest, daß dir das nicht zustand. Du bist aus dem Himmel gefallen und verausgabt auf der Erde gelegen. Armselig und bemitleidenswert. Ängstlich hast du dich umgesehen, ob dich bei deinem Flug jemand gesehen hatte. Dann warst du wieder normal und hast selbst fast vergessen, wo du gewesen warst. Und du hast es dir vergeben und vergeben lassen. Das, was du wünschtest, stünde doch nur Gott zu, hast du gedacht. So wurdest du wieder klein und hattest weniger Angst vor deiner Verantwortung.

Kriegst du die beiden Seiten in dir zusammen? Findest du etwas, das du leben kannst, ohne dabei innerlich zu sterben? Du, ich kenne dich gut genug, du wirst keine Ruhe finden, bis du nicht einen Weg gefunden hast, das Erreichbare auch wirklich zu erreichen und mit deinen unerfüllten Träumen zu leben, ohne sie zu verbannen und dich für sie zu schämen. Jede Veränderung, auch deine, beginnt mit Träumen.

3

Jetzt. Was ist jetzt? Es gibt drei Möglichkeiten, mit deinem Leben umzugehen. Wirst du den Weg finden, der dir schon jetzt die Veränderung bringt, die du dir wünschst, oder wirst du weiter sagen, daß es zu schwer ist, jetzt noch viel zu verändern? Du findest dein Leben mager, zu wenig wirklich lebendig. Gib es zu, sag es dir, formuliere es, anstatt immer nur darüber hinwegzusehen. Nur so wird etwas Neues beginnen.

Es gibt drei Möglichkeiten:

Erstens: Du kannst lebendig *spielen.* Das machen die meisten. Es gibt gewisse Rollen, die du wählen kannst, um lebendig zu erscheinen. Zum Beispiel die Rolle des Abenteurers. Viel reisen, spannend leben, braungebrannt, risikofreudig, Berge besteigen, Fallschirmspringen, Liebesabenteuer eingehen ... du vestehst, was ich meine. Andere werden dich beneiden, und an vielen Tagen wirst du dir selbst glauben, daß dies das wahre Leben sei.

Zweitens: Du kannst so weiterleben, wie du jetzt lebst (oder anders ausgedrückt: Du kannst so weiterleben, wie du jetzt stirbst). Dann ist es wichtig, die Art deines Sterbens, deinen ganzen Stil mit dem Sterben anderer, die auch so leben, zu vergleichen. Du wirst sehen, daß dein Leben dann noch immer besser aussieht. Dir wird die ganze Leere der anderen auffallen, und du wirst dich sogar ein Stück glücklich schätzen, daß du anders lebst als sie. Dies ist der am wenigsten anstrengende Weg der drei. Der erste ist sehr gefährlich, aber die meisten überleben ihn. Der zweite ist weniger gefährlich, weniger risikoreich, aber dafür tödlich. Doch der Tod ist langsam, und ein langsamer Tod ist nur an schlechten Tagen zu spüren.

Drittens: Das ist der schwerste, und den gehen nur wenige: der Weg ins Leben. Und darüber kann dir eigentlich niemand etwas sagen, weil keiner weiß, was dein Weg ins Leben ist. Der Weg liegt in dir. Wie ein Himmel und wie eine Bombe. Weil die meisten ihn als Bombe empfinden, lassen sie ihn unbegangen, unberührt liegen. Man kann ihn auch mit einer Perle vergleichen. Du bist die Auster. Du hast das Sandkörnchen als Irritation erlebt, hast es eingewickelt und machst daraus eine Kostbarkeit. Du hast gelernt, mit dem Schmerz zu leben. Der dritte Weg ist ungeheuer schön, aber sehr gefährlich, weil du dem immer wieder begegnen wirst, was du am meisten fürchtest: der Unsicherheit. Wenn du ihn gehst, weißt du nicht, wohin du gelangen wirst. Ins Leben wohl, aber was das Leben für dich heißt, weißt du vorher nicht. Ich will dich nicht überreden, aber ... Du spürst sicherlich, welchen von den dreien ich dir vorschlagen würde.

4

Dies ist die Zeit, in der du merkst, daß die Einsamkeit manchmal tiefer reicht, als du es dir vorstellen konntest. Du merkst jetzt, daß auch dein Partner sie nicht aufheben kann. Sie liegt tiefer und ist weitreichender als gute Gespräche und gemeinsame Unternehmungen. Die Einsamkeit steht manchmal wie ein stilles Gespenst hinter jeder Liebe und jedem Verstehen. Ein hartes Wort genügt, um den Abgrund in dir zu öffnen. Das leere Haus, das du im Dunklen betrittst, wird dir zum Sinnbild für deinen Zustand. In jeder Bewegung fällt dir die Andersartigkeit derer auf, die du doch lieben sollst, und du weißt, daß es ihnen mit dir ebenso geht. Du fühlst dich so übersehen, mißverstanden und verwundet, daß du nicht mehr mit Überzeugung sagen kannst, daß sich das Leben lohnt.

Du fragst dich, ob es anderen genauso geht wie dir, und in dir kommt ein schnelles »Nein«, gefolgt von einem »Ja«. Das »Nein« kommt, weil du nicht zugeben magst, daß wir allein sind. Du sagst »Nein«, um noch weiter an deinem Bild der absoluten Kommunikation hängen zu können. Das »Ja« kommt, weil du dich vor der Dunkelheit des »Nein« retten willst. Du willst, daß den anderen das Leben genauso schwerfällt wie dir, daß sie genauso an diesen Fragen arbeiten, weil ihr dann zumindest im Lösen der Fragen zusammen seid. Da stehst du und weißt nicht, was besser ist zu glauben. Die Einsamkeit bringt dunkle Tage mit sich. Minuten, sogar Stunden gehen dir verloren, weil du vor dich hin blickst, ohne etwas zu sehen.

Doch gibt es auch ein Miteinandersein, das direkt neben dem Alleinsein steht und alles so erleuchtet, wie das Alleinsein alles verdunkelt. Da ist die Begegnung der Augen, die dir niemand nehmen kann, und der Austausch in Worten und mit dem Wesen, in dem jede Einsamkeit weit weg wirkt. Es gibt Spaziergänge, bei denen die Luft erfüllt ist mit Zuwendung, die keine Berührung benötigt, und nur Sprachlosigkeit drückt annähernd das aus, was passiert. Manchmal reicht ein Zettel auf dem Küchentisch aus, um die Liebe erste und letzte Wirklichkeit werden zu lassen. Dann lassen sich alle Fragen beantworten, und die Not zeigt nur noch ihre Herausforderung, nicht mehr ihre Unlösbarkeit. Es ist möglich, glücklich zu leben, in jeder Begrenzung.

Zu begreifen, daß die beiden Wirklichkeiten sich nicht aufheben, daß sie zusammengehören und beide wahr sind, das ist deine Chance, jetzt und in der Zukunft. Vielleicht ist jetzt nichts so wichtig für dich, als zu erfassen, daß das Leben nicht aus Gegensätzen besteht, die sich bekämpfen müssen.

Zwar haben wir es so gelernt, unser Denken ist so aufgebaut, die Welt scheint so zu sein. Aber das Leben ist viel verschlungener, komplexer und differenzierter als alle Systeme und Muster, die wir entwickelt haben. Wir haben sie entwickelt, um das Leben einfacher zu machen, und wir merken, daß wir dabei das Leben selbst verlieren. Wir haben Politik und Religion an die Stelle des Lebens gesetzt. Wir haben uns an Ideologien, Meinungen und Vereinfachungen verkauft und wundern uns, daß wir in ihnen nicht leben können, weil wir selbst mit unseren Eigenarten darin nicht vorkommen dürfen.

Hältst du es aus, das eine nicht zuungunsten des andern aufzuheben und zu verneinen? Kannst du mit der Spannung leben, eins im anderen zu sehen?

5

Liebst du das Kind, das du einmal warst? Zwischen dir und deiner Zukunft steht das ungeliebte Kind. Es wird dich immer wieder zurückrufen, und du wirst nur so frei in die Zukunft gehen können, wie du das Kind liebst. Es lebt in dir und wünscht deine Liebe.

Du hast damals das übernommen, was man über Kinder dachte. Kinder sollen nicht auffallen, Kinder haben nichts zu sagen, Kinder sollen erst Erwachsene werden, ehe sie mitreden können. Aber ich sage dir jetzt, das es unmöglich ist, wirklich ein Erwachsener zu werden, ehe man nicht das Kind von damals geliebt hat. Und um das zu tun, ist es nötig, daß man das Kind von damals sprechen läßt. Kinder dürfen auffallen, Kinder haben viel zu sagen, Kinder dürfen auch als Kinder sprechen und brauchen nicht erst Erwachsene zu werden, ehe sie Rechte haben. Wenn du diesen Weg nicht gehst, dann wirst du als Erwachsener immer noch das suchen, was du als Kind verpaßt hast, und du wirst viel Ablehnung erleben, weil andere dich nicht als Kind, sondern als Erwachsenen lieben wollen. Du wirst eine Liebe fordern, die nicht mehr zu dir paßt.

Du kannst dich auch jetzt nur so wichtig nehmen, wie du das Kind von damals ernst nimmst. Du hast gelernt, daß man sich selbst nicht zu wichtig nehmen soll. Weißt du, daß ich gewisse Wünsche für dich verwahre, für den Tag, an dem du sie dir erlauben kannst? Sie stecken so tief in dir drin, daß du sie jetzt nicht wahrnehmen kannst. Weil sie nicht untergehen dürfen, verwahre ich sie für dich. Aus diesen Wünschen, die du noch nicht einmal kennst, kommt viel deiner Lebensenergie. Sie sind wie eine geheime Kraftquelle und halten dich unterwegs und auf der Suche. Weil du diese geheimen Wünsche in dir trägst, entwickelst du dich und wächst. Du bist wie ein Schiff, das die Koordinaten seines Heimathafens mit sich trägt und durch viele Umwege auf diesen Heimathafen zusteuert.

Ich möchte dir ein Bild malen von dem Jungen, der du einmal warst. Er konnte lachen. Und zwar so, daß er andere ansteckte. Er war voller Phantasie, so daß seine Eltern manchmal nicht wußten, wo die Wirklichkeit aufhörte und das Erfundene begann. Er war seinen Freunden treu, auch wenn er manchmal dafür Schläge bekam, weil er nicht sagte, wer denn sonst noch mit dabei war, wenn etwas ausgeheckt wurde. Er glaubte das, was ihm gesagt wurde, auch wenn er dadurch manchmal ausgenutzt wurde. Er trug am liebsten weiße Cordhosen, damals nannte man sie noch Manchesterhosen, und sobald es warm genug war, am liebsten kein Hemd. Auf dem Dorf ging das, und er fand es albern, daß in der Stadt die meisten so zugeknöpft angezogen waren. Den Sommer über war er darum braungebrannt.

Ende April begann er auf den Kuckuck zu warten. Wenn er das dritte Mal einen Kuckuck gehört hatte, erlaubten ihm seine Eltern, barfuß zu gehen. Dann begann das Leben erst richtig für ihn. Barfuß durch Wald und Wiesen, das war Inbegriff der Freiheit für diesen Jungen. Karl May hat er gelesen und Indianer gespielt. Sein Fahrtenmesser konnte er auf sechs Schritte in einem Baum zum Stecken bringen. Den Ernst der Erwachsenen verstand er manchmal nicht, besonders wenn es um Dinge ging, die ihm so unwichtig schienen.

Ich habe diesen Jungen immer geliebt. Er sprühte vor Leben und war immer auf der Suche nach einer Möglichkeit, dieses Leben zu leben, ohne dabei die Gesetze seiner Eltern zu brechen. Wirst du den Weg zu ihm finden und ihn lieben können? Jetzt ist es Zeit.

6

Spürst du den Druck der Masse? Du wolltest ausbrechen, hast versucht, dich zu befreien, wolltest nicht mehr dem menschenfressenden »Man« ins Maul fallen. Aber da kamen die Stimmen, diese lieben Stimmen, die dein Bestes wollten und dich auf dem richtigen Weg halten wollten. Sie gaben nicht zu, daß sie von *ihrem* rechten Weg sprachen, sondern sie hörten sich immer so an, als gebe es keinen anderen rechten Weg. Das gab ihnen das Recht, dich bekehren zu wollen.

Weil du vorsichtig bist und nicht gern verletzend, wehrst du dich zaghaft. Du wählst deine Worte gewissenhaft. Du gebrauchst die Logik, diese Freundin, auf die du immer wieder zurückgreifst, um dich aus schwierigen Situationen zu befreien, um die andern zu überzeugen, daß ihr Weg nicht unbedingt der richtige für dich ist. Aber Logik reicht da nicht aus. Die andern kämpften um ihr Leben, wenn sie dich bekehren wollten. Wenn sie dich einreihen können in ihre Richtung, dann sind sie gefestigter. Du störst sie nicht nur, sondern gefährdest sie, wenn du die Welt nicht so siehst wie sie. Darum ist der Kampf unterschwellig auch so verbissen. Also, es geht nicht darum, daß du sie überzeugen mußt. Das hätte deine Logik wahrscheinlich schon längst geschafft, wenn es hier um Logik ginge. Darum mag die Zeit gekommen sein zu schreien. Vielleicht mußt du unlogisch werden und deine Worte nicht mehr so gut wählen. Es kann sonst sein, daß du dich in Wortgefechten und Beweisführungen verlierst und nicht dazu kommst, das zu leben, was du begriffen hast.

Das Schreien mußt du nicht lernen. Es schlummert in dir.

7

Merkst du, wie sich etwas in dir hebt, während wir reden? Wie bei einem Eisberg die unteren sieben Achtel langsam nach oben kommen, wenn der Eisberg in südlichere Gewässer kommt. Die vielen Tonnen des schweren Eises wollen nach oben. Dein Innerstes will gesehen und gehört werden. Das Eis will an die Sonne, will schmelzen. Alles Schwere will nach oben, damit es leicht werden kann. Während wir reden, schwimmt der Eisberg nach Süden, in die warmen Breitengrade. Aber es gibt Winde, Meinungen, Strömungen, die alles gefrieren lassen. Ihr Ziel ist nicht Leichtigkeit und Transparenz, sondern Schwere und Undurchsichtigkeit. Es gibt Menschen, die leben in dem Glauben, daß sie sich verbergen müssen. Sie ertrinken im Dunkel ihrer Seele. sie verschließen sich gegen das, was sie erhellen könnte. Sie scheuen das Licht und die Wärme. Sie haben Angst vor ihrem Schmelzen.

8

Heute komme ich als Stimme des »Fremden«. So hast du ihn als Teenager genannt. Damals, du warst vielleicht siebzehn, da hast du diesen Fremden in eine weit- und tiefabgelegene Ecke in dir verbannt. Du hattest Angst vor dieser Stimme, die nie aufhörte zu fragen. Ganz gleich, was die Antwort war, diese Stimme hat immer weiter gefragt, hat in ihrer kompromißlosen Suche nicht aufgehört, bohrende Fragen zu stellen, immer weiter, immer weiter.

Mit dieser Stimme habe ich dich seit Jahren nicht

wieder angesprochen. Ich habe sie in der abgelegenen Ecke gelassen und beobachtet, wie du dich entwickeln und welche Entscheidungen du treffen würdest. Jetzt merke ich, daß es Zeit ist, dir diese Seite wieder vorzustellen. Jetzt wirst du dich so ertragen können. Du bist älter geworden, milder, weitsichtiger. Wenn du jetzt diese Stimme wieder hörst, wird sie dir weniger angst machen, weil du stärker in dir ruhst. Nicht alles ist so zugespitzt, so unerträglich kritisch wie damals. Du wirst erneut den Fragen nachgehen können und die Antworten oder die Leere, die sich durch die Fragen auftut, besser verarbeiten können. Du wirst die Fragen in einem größeren Kontext verstehen.

Das Revolutionäre, das in dieser Stimme oft mitschwang, ist jetzt in der Tiefe angesiedelt, in einem veränderten Selbstverständnis. Du weißt, wenn sich die Welt verändern soll, dann nur aus der Veränderung deines Herzens.

Erkennst du die Stimme wieder?

9

Vor ein paar Tagen warst du mit deinen Freunden von früher nach langer Zeit zum ersten Mal wieder zusammen. Vorsichtig habt ihr das Gespräch begonnen, aber ihr seid nicht über die alten Zeiten hinausgekommen. Alles andere war zu gefährlich. Du hast deine Rolle von früher gespielt, warst lustig, gut aufgelegt, so wie man dich in Erinnerung hatte. Aber in dir war alles sehnsüchtig auf Empfang eingestellt, Empfang für jemanden, der so weitergegangen war wie du. Aber du hast niemanden getroffen. Du wünschtest dir jemand, der so mittendrin steckte wie du, aber niemand wollte es zugeben. Vielleicht konnte dich auch niemand treffen, solange du in deiner Rolle bliebst. Warum traust du dich nicht, der zu sein, der du bist? Hast du noch etwas zu verlieren?

10

Ich will nicht die Führung deines Lebens übernehmen. Ich will dir nur Informationen liefern, die dir helfen können. Morgen früh mußt du Verpflichtungen nachkommen, zur Arbeit gehen, Besorgungen machen – dein Leben leben. Ich werde dich dabei beobachten und still mit dir reden, aber *du* mußt die Entscheidungen treffen. Das will und kann ich dir nicht abnehmen. Es wäre nicht gut. Bewußt mußt du auf die Dinge, die dein Leben ausmachen, zugehen und sie meistern. Ich bin nur die Stimme im Hintergrund, die dich aufmerksam macht.

11

Darf ich dich heute auf eine innere Reise einladen? Ich möchte zurück an den See, an dem du oft in deiner Jugend warst und der dir manchmal noch in inneren Bildern vor Augen steht…

Siehst du ihn vor uns liegen? Er ist etwa dreißig Kilometer lang und zwei Kilometer breit. Wir stehen am Ufer in der Mitte der langen Seite. Zwei Kilometer Wasser trennen uns von dem anderen Ufer. Um an den gegenüberliegenden Punkt zu gelangen, müßten wir dreißig Kilometer gehen. Um den Punkt schwimmend zu erreichen, müßten wir uns unserer Kleider entledigen, durch den Sumpf des Ufers waten, den Boden unter den Füßen verlieren, den Kopf über Wasser behalten und nicht aufgeben, auch wenn wir zwei Stunden schwimmen würden. In der Mitte, wenn beide Ufer gleich weit weg sind, würde sich die Angst, es nicht zu schaffen, verdoppeln. Dann müßten wir doppelt konzentriert schwimmen, um nicht in unserer Angst zu ertrinken. Die Muskeln würden sich immer stärker melden, wir würden Angst vor Krämpfen bekommen, weil sie sich besonders leicht in kaltem Wasser einstellen, wenn man kein geübter Schwimmer ist.

Aber wir können auch um den See gehen, die dreißig Kilometer auf uns nehmen. Viele haben es vor uns probiert, aber die meisten sind irgendwo auf ihrer Wanderung steckengeblieben. Sie sind in das Häusermeer, in die weißen Sommervillen, die Badestrände, die Bootshafen und Parks geraten und haben sich verirrt oder sind einfach hängengeblieben und ansässig geworden. Sie haben das andere Ufer aus den Augen verloren und schon bald aus dem Sinn. Sie wohnen jetzt mit dem Blick nach Sonnenuntergang. Sie haben viele Beschäftigungen gefunden, die den Gedanken an die andere Seeseite nicht mehr aufkommen lassen. Sie sammeln Kunst. Sie telefonieren mit der ganzen Welt. Sie sehen die Aktien steigen und fallen. Sie lesen Bücher über die Wanderungen anderer und glauben, es seien ihre Wanderungen. Aber ihre Häuser sind Bunker, ihre Gedanken sind festgewachsen, ihr Geist ist wie Blei, ihre Fragen haben Antworten, und ihre Antworten sind immer gleich.

Als du jung warst, hattest du immer eine Seite, die das Risiko liebte. Du warst erst zwölf, als du den See überquert hast. Dabei gefiel dir die Grenzsituation, die dir alles abverlangte, die Konzentration auf diese eine Sache: das Erreichen des andern Ufers.

Nichts hat sich eigentlich bis heute verändert. Das Risiko betrifft andere Dinge, nicht mehr das Überqueren des Sees, aber auch jetzt wächst du nur, wenn du etwas riskierst und den festen Boden unter den Füßen aufgibst.

Kommst du mit? Du mußt entscheiden!

12

Daß du so zusammengefahren und dann zum Angriff übergegangen bist, als wolltest du ihn umbringen, den Mann, der zwar etwas von dir gefordert hat, der es aber nicht so gemeint hat, wie du es offensichtlich gehört hast, hat seinen ganz tiefen Grund in dir. Du reagierst so allergisch, weil das der Fluch deiner Kindheit gewesen ist: Immer wieder wurde dir gesagt, was du zu tun hattest, und oft, gerade nachdem du es selbst begriffen und gerade getan hast. Es war wirklich wie ein Fluch, weil du mit der Bevormundung deine Entmündigung erlebt hast. Du warst dumm, unaufmerksam, vertrauensunwürdig, unerwachsen, unerfahren. Es wurde entweder zu viel oder zu wenig von dir erwartet, und du hast darum die Erwartungen enttäuscht. Das ist bis heute noch in dir, und manchmal bricht es durch, wenn du den Fluch wieder hörst in den Worten von Fremden oder Freunden. Fehlt dir noch immer die Sicherheit in dir?

13

Schon als du Kind warst, hatte der Gott deiner Eltern, der Gott der Kirche, der offizielle Gott, für dich etwas Unverständliches. Anhand der Geschichte von Abraham und Isaak hast du immer wieder mit diesem Gott gekämpft, und in diesem Kampf hat sich dein Gottesverständnis verändert.

Mit fünf hörtest du dir die Geschichte an und warst erschrocken, glaubtest aber nicht wirklich zu verstehen, was da passierte. Etwas anderes geschah in deinem Leben und verdrängte die Geschichte. Du hast sie dir nicht ausgemalt. Vielleicht hätte es dich krank gemacht.

Mit zehn fandest du die Opferung Isaaks durch seinen Vater Abraham grausam. Du stelltest dir die Szene vor: der kleine, nackte, weißleibige Isaak, und über ihm, gewaltig, sonnenverbrannt, brutal, Abraham mit gezücktem Messer. Es schauderte dich. Etwas begehrte gegen diesen Gott auf, aber nur kurz, weil ja am Ende alles gut ausging. Gott hatte ja gewußt, warum er es so tat. Gott wußte das immer. Der Mensch weiß es immer erst hinterher.

Mit fünfzehn verstandest du, daß es einfach so sein mußte. Gott forderte den Gehorsam, stellte Abraham auf die Probe. Es war eine Frage der Treue Gott gegenüber. Gott will, daß der Mensch erst an Gott denkt und dann an alles andere.

Die Geschichte war philosophisch zu verstehen. Du wolltest so gottgesinnt sein wie Abraham, wenn du jemals auf die Probe gestellt werden solltest. Das Dramatische, Großartige der Geschichte sprach dich an. Gott gab dem Leben das Überdimensionale. Bei Gott gab es nichts Kleines, nichts Halbes.

Mit zwanzig begann dann deine tiefe, unterschwellige Abwehr gegen diesen Gott, nur gegen diesen Gott, und du begannst nach einem anderen Gott zu suchen. Aber das durftest du nicht zugeben. Schon deine Fragen waren wie ein stiller Verrat. Einerseits wolltest du den Gott weiterlieben, aber mit deinem Gefühl konntest du es nicht. Dein Gefühl konnte ihn nur noch respektieren. Du hast dich in den Respekt gerettet, um ihn nicht zu verachten. Respekt wurde darum für dich ein wichtiges Wort.

Du fandest niemand, mit dem du darüber wirklich reden konntest. Es lebte in dir wie ein Geheimnis: dein Aufbegehren gegen den Gott, der einen Mord verlangt. Es fiel dir schwer, ehrlich zu bleiben, und manchmal wußtest du nicht mehr, was du wirklich glaubtest. Dein Herz sagte dir eins, dein Kopf etwas anderes. In dir tat sich ein Abgrund auf und wollte dich verschlingen.

Erinnerst du dich noch an deine Angst aus jenen Tagen? Kannst du sie noch formulieren? Wenn du sie nicht sagst, werde ich sie dir sagen. Du mußt Worte für die Angst finden. Über die Worte wirst du auch weiterfinden zu dem, was du heute willst. Zu einem Gott, an den du heute glauben kannst.

14

Du willst wissen, was wahr ist. Vielleicht bist du ein ganz anderer, als du immer gedacht hast. Vielleicht stimmen ja deine stillen Ängste, und du hast dich selbst immer nur betrogen mit deinem schönen Bild von dir selbst. Du siehst in den Spiegel, sprichst die Person an, die dir entgegensieht, fragst sie, wer sie ist, und hörst, daß du dir antwortest. Das ist das Gefängnis des eigenen Kopfes. Du bist immer du. Nie kannst du durch die Augen eines andern sehen, und nie sieht einer durch deine Augen. Das ist das Gefängnis.

Es ist aber auch deine Chance. Du siehst, wie relativ deine Sicht der Welt ist. Du hast den Blickwinkel eines Gefangenen und wirst ganz still und nach innen gerichtet. Deine Umwelt kann an dir heilen. Du sprichst nicht mehr für die Welt, du hältst dich zurück und bist vorsichtig. Nichts ist genau so, wie du es sagst. Nur für dich ist es so. Es ist deine einmalige Sicht, kostbar, aber begrenzt.

Du bist der Gefangene, der seine Zelle bezieht und nicht die ganze Welt bewohnt. Du erfüllst die Enge deines Lebens mit Wärme. Für andere ist es möglich, sich mit der Welt zu versöhnen, weil du dein Leben angenommen hast. Noch immer sprichst du nicht für die Welt, sondern nur für dich, aber die unmittelbare Nachbarwelt hört dir zu. Was du sagst, was du glaubst, was du siehst, hat Gewicht, weil du es über dich sagst und nur über dich.

Klopfzeichen gehen von Zelle zu Zelle. Ihre Botschaft ist: Es ist möglich zu leben! Die Zellentüren springen auf. Das Leuchten eines Menschen beginnt da, wo er bei sich bleibt und konzentriert ist auf das, was er in sich trägt.

15

Erinnerst du dich an deine Begeisterung, in der du alles stehen ließest, um dieser einen Sache nachzugehen, und es nichts anderes in deinem Leben gab als nur dieses, weißt du noch? Das damals so Wichtige bedeutet dir jetzt kaum noch etwas. Es rückt über den Fluchtpunkt eines perspektiv gemalten Bildes hinaus und ist nicht mehr sichtbar. Manchmal fühlst du dich bei dem Gedanken seltsam unreif und rückblickend vielleicht sogar dumm, daß du damals so begeistert warst, daß du dafür gekämpft hast und nicht geglaubt hättest, daß es eine Zeit geben würde, wo du dich kaum noch daran erinnern würdest. Vielleicht hättest du gelacht und wärst in deiner Begeisterung geblieben.

Nimm es so an! Das bist du. Ohne die Begeisterung wärst du nie über das, was dich begeistert hat, hinausgelangt. Es wäre das Unfertige in dir geblieben, zu dem deine Sehnsucht immer wieder gegangen wäre. Jetzt liegt es hinter dir, und du kannst auf den Schultern dieses Erlebnisses weiterreiten.

Es gibt eine Weisheit, die nur aus dem Tun kommt. Darum verachte nicht den, der du warst. Es gibt eine Dummheit, die aus dem Festhalten kommt. Darum versuche nicht, in die Vergangenheit zurückzugelangen.

16

Ich spüre, daß du manchmal zu schnell »Ja« zu mir sagst. Du lenkst ein, du ordnest dich unter. Du glaubst zu schnell, weil du das Glauben gelernt hast. Du hast manchmal Angst vor meiner Stimme, weil du meinst, sie könnte doch auch ganz falsch sein, könnte dich in die Irre führen. So kann es ja auch sein.

Ich schlage dir darum vor, nur dann zu handeln, wenn du zutiefst überzeugt bist. Erst wenn das, was ich dir sage, dir einleuchtet, so daß du es nicht abschütteln kannst, dann kannst du ihm zögernd und behutsam nachgeben. Erst wenn du überzeugt und nicht überredet bist, ist es Zeit zu handeln. Sortiere die Stimmen.

17

Es gibt einen Kampf, der fast täglich in uns ausgefochten wird. Einerseits wollen wir bewußter werden, wollen wissen, was in uns los ist und warum wir gewisse Dinge tun. Wir wollen uns selbst begreifen und nicht immer wieder die gleichen Fehler machen. Wir wollen reifen und uns selbst weniger vormachen. Andererseits haben wir Angst vor diesem Wissen und vor der damit verbundenen Verantwortung. Wir tun alles, um diese Bewußtwerdung hinauszuschieben. Wir bauen gewaltige Theorien auf, ganze Weltanschauungsgebäude, wir beschimpfen die, die diese Bewußtwerdung in uns beschleunigen, wir leiden lieber weiter an uns selbst, um ja nicht an unsere tiefen Probleme herangehen zu müssen.

Dieser Kampf ist in dir im letzten Jahr besonders stark abgelaufen. Und seitdem ich das Gespräch mit dir aufgenommen habe, ist es nicht weniger geworden. Du stehst auf der Kippe. Keine Zeit in deinem Leben war so wichtig wie jetzt. Ich weiß, was du durchmachst, und verstehe dein Zögern.

18

Kommst du mit mir in den Park? Ich glaube, ich kann besser mit dir reden, wenn wir uns nicht so steif gegenübersitzen. Ich möchte mehr nebenbei reden, um dich nicht mit meinen Worten zu bedrängen oder zu beängstigen. Vielleicht können wir auch schweigend die dunklen Abendwege gehen, auf den Mond achten, er ist heute voll, und uns über Gerüche und Geräusche freuen. Du mußt auch nicht antworten und brauchst wie bisher nur auf die »Wirklichkeit« dessen zu achten, was ich sage. Nur was dir Wirklichkeit ist, wirst du so begreifen, daß es zu einem Bestandteil deines Lebens wird. Meine Stimme muß Resonanz in dir erzeugen, es muß etwas anklingen, was dich überzeugt. Alles andere wird dein Leben wieder verlassen. Kommst du mit in den Park?

19

Du hast einen Tiger in dir. Der springt bei der geringsten Bewegung. Du hast ihn gezähmt, er sieht wie eine große Katze aus. Er schnurrt. Er zerreißt niemand. Aber er ist bereit zu springen, und das merken die anderen, die Ängstlichen.

Du hast ihn abschaffen wollen, hast ihn an die Kette gelegt. Er zerrt an seiner Kette, sie klirrt. Du beachtest ihn nicht mehr, du hörst sein Fauchen. Du redest ihm gut zu. Doch er bleibt ein Tiger. Schon seine Anwesenheit schafft in Ängstlichen das Gefühl, zerrissen zu werden.

Dein Tiger springt bei nur einem Auslöser: bei der Frage der Schuld. Eigentlich gibt es bei ihm nichts, was nicht eine Frage der Schuld ist. Genau da stehen die sehnigen, stählernen Beine des Tigers. Er will den Schuldigen finden, auch wenn er ihn dann nicht wirklich zerreißt. Ihn nur zu finden, das ist eine Form von Zerreißen. Vielleicht begnadigt der Tiger den Schuldigen sogar. Der Tiger wird gut gefüttert und braucht nichts und niemand aus Not zu zerreißen. Aber Begnadigen ist auch eine Form von Zerreißen.

Er kann nicht leben, ohne den Schuldigen zu suchen und zu finden. Es ist dein Tiger, du hältst ihn dir, und er frißt auch dein Fleisch, wenn du ihn nicht loskettest und davonjagst.

20

Hast du gestern deine hauchdünne Lüge gespürt? Dein Lächeln fiel wie ein Schatten über dein Leben. Um der Konfrontation aus dem Wege zu gehen, hast du gelächelt. Es war das für die Situation passende Lächeln. Du hast es aus dem Kasten deiner Verstellungen, deiner Masken geholt und aufgesetzt. Und die Härte des anderen und deine Härte, sie sind an euch vorübergegangen. Aber auch die Möglichkeit der Begegnung ist euch so genommen worden. Es war eine hauchdünne Lüge, kaum faßbar. Eine liebevolle Lüge, eine Spontanlüge, eine Notlüge. Aber was auch die Gründe gewesen sein mögen: Der endgültige Preis des unwahren Lächelns ist die Einsamkeit.

Ich habe abseits gestanden. Du hast mich nicht gefragt. Warum solltest du auch? Du hast mich doch bisher selten gefragt. Aber vergiß nicht, daß du mich eingeladen hast. Und weil das so ist, will ich dir sagen, daß ich dich gestern bei der Lüge einen Moment lang unscharf gesehen habe. Wie ein verwackeltes Foto. Es gab zwei Umrisse deines Körpers, zwei Botschaften gingen von dir aus, du warst nicht faßbar. Als das Lächeln dann wieder von dir abfiel, Maske und Versteck, da wurde dein Bild wieder klar. Da hat es dich wieder nur einmal gegeben, da warst du wieder einmalig.

21

Liebe ist dir wichtig. Ich habe gestern zugehört, wie du unter deinen Verwandten über Liebe geredet hast. Einige gingen ganz mit und waren sogar begeistert über deine Gedanken. Aber hast du auch gemerkt, daß sich einige sehr still verhalten haben? Hast du dir wirklich geglaubt, was du gestern gesagt hast, oder meintest du das sagen zu müssen? Entsprach es wirklich deinem Inneren? Ich will dir sagen, wie ich es erlebt habe. Ich will kein Blatt vor den Mund nehmen. Ich habe deine Worte gestern wie einen Rückfall in das »Liebsein« von früher erlebt.

Dein Bild von Liebe ist aus Angst gewachsen, aus der Angst, zu verletzen und verletzt zu werden. Die Sanftmut, von der du sprichst, ist fehlender Mut, das zu tun, was du für richtig hältst. Darum sprichst du soviel von Zurückhaltung. Deine Zurückhaltung ist Angst vor einer richtigen Begegnung, auch wenn es mal schmerzt. Du sagst, jeder müsse so genommen werden, wie er ist, aber dahinter steckt Gleichgültigkeit und nicht eine Toleranz, die du dir erarbeitet hast. Du willst dem andern seine Freiheit lassen, aber dahinter steht Bindungsangst und nicht echter Respekt vor der Eigenart des anderen. Deine Liebe ist ein Deckmantel für deine Unentschiedenheit. Deine Milde ist Profillosigkeit. Übergibst du die Frau, mit der du gestern wieder geredet hast, nicht einfach ihrem Schicksal, indem du sie nicht konfrontierst? Ist das noch Liebe? Und im Gespräch mit deinem Schwager deckst du nur alles zu. Du weißt, wenn du ihn nicht herausforderst, wird er mehr und mehr vereinsamen. Natürlich wird er um sich schlagen, wenn du den Finger auf den wunden Punkt legst, aber das ist seine einzige Chance. Durch deine Liebe, deine sogenannte Liebe, gibst du ihm erst gar keine Chance.

Ich würde von diesen Dingen nicht reden, wenn ich nicht auch eine andere Alternative in dir wüßte. Du hast doch selbst schon oft daran gezweifelt, daß die Liebe nur sanft und vorsichtig sein kann. Verfolge diese Seite in dir. Beleuchte die Härte der Liebe, ihre Kompromißlosigkeit, wenn nötig. Befrage dich selbst und laß dich nicht einfangen von dem Argument des »Liebseins«, auch nicht durch dich selbst. Erinnere dich, wie du darunter gelitten hast als Kind, wenn du lieb sein mußtest und nicht mehr ehrlich sein durftest.

Ich lehne mich gegen deine Laschheit auf. Ich werde dein Leben boykottieren mit Träumen, Geistesblitzen und Gedankenassoziationen, die dir immer wieder die ganzheitliche Form der Liebe anbieten werden. Ich will mit dir alt werden in einer reifen Form des Liebens. Ich bin nicht gegen dich, ich bin für dich, für dein heiles Ich.

22

Nein, heute lasse ich mir das Wort nicht einfach verbieten. Ich werde nicht schweigen, wie du es von mir gewohnt bist. Dafür haben wir nun schon zu lange geredet, und ich habe dir meine Sicht deines Lebens erzählt. Ich werde mich nicht gehorsam zurückziehen, nur weil du es jetzt so willst und weil dir meine Gedanken und Bilder unangenehm werden. Nein, ich werde mit dir kämpfen. Ich habe ein Recht auf meine Stimme, ich habe ein Recht, von dir gehört zu werden.

Und wenn du dich mir nicht aussetzt, wenn du mich wieder nicht ernst nimmst, dann wirst du merken, wie du langsam krank wirst. Ich werde dich nicht krank machen, aber du wirst krank werden, weil du gegen dich selbst angehst und dich vernachlässigst. Begreifst du es denn immer noch nicht: Ich bin deine Rettung. Darum kämpfe ich so mit dir. Wie tief sind die selbstzerstörerischen Züge in dir. Du verachtest eine ganze Seite an dir. Ich erschrecke, weil du so tust, als wenn ich keinen Platz mehr bei dir hätte.

Heute werde ich nicht still sein. Ich werde nicht zurück in die Sprachlosigkeit gehen, in das stille Leiden unter der Verdrängung. Ich will meine Botschaft nicht vernachlässigen, sondern sie dir sagen und gehört werden.

Du meinst, ich bin gegen dich. Ich bin nicht gegen dich, sondern für dich. Ohne mich wirst du an deinem Leben vorbeigehen. Du brauchst mich, um eine alternative Sicht deines Lebens zu entdekken. Du läufst sonst Gefahr, das Bild, das andere von dir haben, als die ganze Wirklichkeit und Wahrheit anzunehmen. Aber du bist mehr als alles, was andere von dir kennen. In dir schlummert eine Welt, die entdeckt werden will. Ich spreche für diese Welt, ich möchte sie dir nahebringen. Oft scheinst du zu glauben, daß du identisch bist mit deinem Verstand, mit deiner Denkfähigkeit und deiner Aufgeklärtheit. Aber das ist nur die eine Seite. Gib der anderen Seite in dir, die noch entwickelbar ist, die dich bereichern wird, eine Chance. Du darfst deine innere Schönheit und deinen inneren Reichtum nicht einer engen Einseitigkeit opfern.

Wenn du mich opferst, als gäbe es mich gar nicht, dann wirst du immer nur ein halber Mensch sein. Ich spreche mit dir, weil ich um dich werbe und dich für das vollere Leben gewinnen will, gerade jetzt, in deinem Alter, in dem so viele abschalten und aufgeben. Ich möchte noch besser von dir verstanden und geliebt werden.

23

In dir ist auch eine zerstörerische, gemeine Seite. Du hast ganz versteckte Ausdrucksformen dieser Seite entwickelt. Man merkt sie erst gar nicht, aber dann kommt sie doch durch, und zwar in einer Weise, daß es schwer ist, sich gegen sie zu wehren.

Als du jünger warst, habe ich mit dir über diese Seite nicht reden können. Du hättest mich nicht an dich herangelassen. Du hättest es nicht vertragen, dich auch so zu sehen. Für deinen Selbstwert war es nötig, daß du dich anders sahst. Aber jetzt spüre ich, daß du dich auch in dieser dunklen Seite besser kennenlernen möchtest. Ich gehe darauf ein, weil ich glaube, daß, wenn du diese Seite jetzt nicht besser verstehst, sie dir dann in der Zukunft sehr viele gute Möglichkeiten in deinem Leben verbauen wird. Mit zunehmendem Alter werden die Unarten, an denen wir nicht gearbeitet haben, sichtbarer, und die Menschen um uns werden weniger bereit sein, sich mit uns einzulassen.

Diese Seite drückt sich manchmal durch eine überhebliche Stille aus. Du ziehst dich aus einem Gespräch zurück, gibst dich nicht mehr in eine Begegnung hinein, aber du tust es so, daß sich der andere dafür schlecht fühlen muß. Natürlich sagst du das nicht, vielleicht denkst du es noch nicht einmal. Aber es gehört zu deinem Arsenal an Druckmitteln, die du entweder bewußt oder unbewußt einsetzt. Es ist dein Versuch, Kontrolle auszuüben.

Oder du schaffst einen Abstand zum anderen, indem du dich selbstgerecht entrüstest. Dann brauchst du Sätze wie: »Das ist mir unverständlich« (aber du willst gar nicht verstehen), oder »Das kannst du doch nicht wirklich meinen« (und hoffst doch, daß der andere es meint, weil es dir den moralischen Vorteil gibt), oder »Was denkst du denn von mir« (willst aber gar nicht wissen, was der andere von dir denkt).

Dich umgibt dann eine Unnahbarkeit, die etwas Souveränes an sich haben soll, die aber eigentlich nur Kälte ist. Du willst dann ganz überzeugend wirken und bist doch meistens nur lächerlich in deiner Engstirnigkeit.

Gefährlich wird es erst, wenn die andern es nicht merken und dir sogar recht geben in deinem Verhalten. Die, die geistig nicht so flink sind, sind dir nicht gewachsen, und leicht sieht es dann überzeugend aus. Die Zerstörung mit deiner Art ist zu subtil für die meisten, aber sie läuft trotzdem weiter.

Tief sind die Hintergründe. Es ist deine Sehnsucht nach Kontrolle und Bestimmung. Du willst der Freiheit nicht ausgeliefert sein und übst darum auf die verschiedensten Weisen Druck aus, um andere dahin zu bugsieren, wo sie für dich vorhersagbar sind. Es ist eine Tyrannei im Stillen, im Erlaubten.

Wenn du so weitermachst, wird der Abstand zum Mitmenschen wachsen, besonders zu denen, die du liebst und die dich lieben. Liebe hat immer Unvorhersagbarkeit in sich.

24

Warum wehrst du dich gegen die Traumbilder, die ich dir mitteile? Die Tagträume und Nachtträume. Laß sie zu. Du willst alles im Griff behalten, willst dich nicht überraschen lassen, aber ohne Überraschung gelange ich in manchen Dingen nicht zu dir. Ich wähle darum manchmal den indirekten Weg. Wenn ich dich anspreche, wenn du im Schlaf oder Halbschlaf bist, dann wehrst du mich nicht so schnell ab. Du erlaubst mir, zu Ende zu reden. So vermittle ich dir Bilder, über die du viel nachdenken kannst. Sie werden dir erst mit der Zeit etwas sagen. Sie wirken in der Tiefe deiner Seele, wo du sie nicht mit cleveren Gedankengängen außer Kraft setzen kannst.

Du sagst, daß ich dich manchmal quäle. Vielleicht. Ich weiß, daß du es so auslegst, aber ich würde sagen, daß du dich selbst quälst, weil du ohne Tiefe leben willst. Du mußt das Leben in seiner Differenziertheit opfern, um so zu leben, wie du es für gut hältst. Merkst du den Betrug dieser Art zu leben?

Ich werde mir treu bleiben, dich weiter herausfordern und mich nur schwer, sehr schwer, verdrängen lassen. Auch jetzt noch nehme ich deine Einladung ernst, die du vor ein paar Monaten ausgesprochen hast. Du warst damals weise, als du mir erlaubtest zu reden und wirklich hören wolltest. Jetzt ist ein Schatten auf dich gefallen, eine vorübergehende Dunkelheit. Du willst wieder dumm werden, dumm bleiben, aber dafür ist es zu spät. Zuviel habe ich dir schon erzählt, und du hast gemerkt, daß es wahr war. In dir hat etwas begonnen. Du hast eine Reise in deine ganz eigene Wahrheit angetreten, und die kannst du nicht einfach abbrechen. Wenn du jetzt nicht weitergehst, wirst du dich selbst zerreißen, weil du nicht vergessen kannst, was du erlebt und gedacht hast.

Ich gehe nicht. Ich bin dein Risiko. Ich bin dein Elend, das zu Glück wird, wenn du willst. Wenn *du* willst. Ich will schon lange.

25

Dein Zeigefinger ist wie ein Geschoß, kurz vor dem Abschuß. Im nächsten Moment wird es jemand durchbohren. So zeigst du auf andere, auf ihre Schuld und Unzulänglichkeit. Aber du tust es nur, weil du dich selbst als unzulänglich empfindest. Du verdammst die anderen, weil du dich selber immer wieder verdammst. Du tust es, indem du deinen Wert besonders betonst. Das Geschoß deines Zeigefingers zerstört dich selbst. Wir können nichts Lebendiges zerstören, ohne dabei auch jedesmal etwas von uns selbst zu vernichten. Daß wir es nicht schmerzhafter erleben, ist ein Zeichen, wie weit die Zerstörung schon in uns fortgeschritten ist. Dein Zeigefinger ist dein versteckter Zynismus, auch wenn das heute »in« ist. Dein Zeigefinger ist dein Besserwissen, auch wenn niemand dir dann glaubt. Dein Zeigefinger ist die »klare Sicht«, auf die du dir manchmal so viel einbildest, auch wenn sie so negativ ist. Dein Zeigefinger ist deine Intelligenz, die die meisten bewundern, auch wenn es ihr an Weisheit fehlt. Dein Zeigefinger ist dein Abgeklärtsein, da kann dir niemand nachkommen, weil es so kalt ist dort, wo du bist.

Fühlst du dich wohl in dem Abstand zu den anderen?

26

Weißt du, daß ich deine Träume von Veränderung ernst genommen habe? Ich habe durch deine Handlungen hindurchscheinen sehen, daß du ein anderer sein willst. Du bist zwar auch zufrieden mit dir selbst, aber dahinter steht dein sehnsüchtiger Wunsch nach Veränderung. Durch deine Arbeit entfernst du dich von dir selbst. Du bewegst dich zwischen Alternativen, die dir alle nicht gefallen, und findest nicht den Mut, *in etwas anderes durchzubrechen.*

Du weißt auch nicht, wer du bist, wenn du nicht mehr der bist, den die anderen kennen und den sie immer wieder erwarten. Du hast den anderen ein Bild von dir in die Hände gegeben, und das lebst du jetzt aus, und sie lassen dich nicht mehr aus dem Bild heraus. Mit zunehmendem Alter wird das Bild sogar kleiner. So wie deine Mitmenschen enger werden, wenn sie nicht weiter und reifer werden, so schrumpft auch dein Bild in ihren Köpfen, und der

Raum, in dem du leben darfst, wird immer begrenzter. Du bist in einem Zimmer, dessen Wände nach innen fallen. Was wirst du tun?

Halte das Bild aus, das ich dir eben gemalt habe. Verdränge es nicht, halte es aus. So wird in dir die Energie wachsen, die nötig ist, um dich aktiv zu verändern.

27

Alles passiert jetzt. Dein genaues Alter ist nicht so wichtig. Du bist jetzt. Einen Augenblick lang schneidest du dich von allem ab und *bist* nur noch, in dieser Sekunde, in dieser Minute, in dieser Stunde. Alles fällt von dir ab. Jetzt fängt deine Zukunft an. Es geht los, deine Zukunft. Aber du mußt einen Einschnitt machen und sagen: Jetzt! Der Einschnitt ist wichtig. Er trennt das, was war, von dem, was sein kann. Der Einschnitt hilft dir beim Feststellen deiner Wünsche. Aber du mußt dich fragen, was du willst, und nicht schon gleich wieder abschwirren in die Vergangenheit oder die Zukunft, oder dir gewisse Wünsche verbieten, ehe du sie überhaupt gewünscht hast. Was ist es denn, was du willst, wonach du dich sehnst? Hast du dir die Frage eigentlich schon mal wirklich erlaubt? Was kann nicht mehr so weitergehen? Wo nimmst du dir das Leben, fast ohne es zu wissen? Und laß dich nicht von dem Gewesenen zurückhalten. Gib ihm nicht mehr Macht über dein Leben, als es hat. Du beginnst jetzt neu. Dieser Moment ist wichtig. Er entscheidet. Schicke alles andere weg und bleibe allein, bleibe bei dir. Komme heim zu deinem Inneren.

28

Es ist Zeit für eine Gottesbilanz. Es reicht nicht mehr aus, hinter einem grauen Schleier alles immer weiterzumachen, was einmal begonnen hat. Es ist Zeit, zu überlegen, in welchen Gedanken und Handlungen du denn noch wirklich lebst und welche du nur mechanisch vollziehst. Wer ist denn dieser Gott? Du hast von klein an an ihn geglaubt. Er hat sich im Laufe der Jahre verändert, aber irgendwo ist er auch gleichgeblieben. Er ist immer der Fordernde gewesen, und du warst der Unzulängliche. Er ist der Gott gewesen, der Opfer verlangte. Du hattest sie zu geben. Du hast davon gelesen, wie er früher Schafe, Tauben, Rinder forderte und an einer Stelle sogar seinen eigenen Sohn. Heute will er dein Leben. Er will dein Herz. So erlebst du es. Willst du es ihm geben, oder willst du den Opfergott in Frage stellen?

Viele Fragen, die du über diesen Gott hattest, hast du irgendwie weggesteckt. Du hast sie nie wirklich angesehen. Vielleicht ist es Zeit, einen anderen Gott zu entdecken, einen Gott, der dich ins Leben ruft und dir nicht mehr das Leben nimmt. Jeder glaubt auf seine Weise, aber die meisten meinen, die anderen müßten so glauben wie sie. Und viele, sehr viele meinen, es gebe jemanden, der wüßte, wie sie zu glauben hätten, und sie suchen ein Leben lang nach diesem Menschen. Wie oft hast du schon gedacht, daß es keine allgemeine Straße zu Gott gibt, aber du bist diesem Gedanken nicht nachgegangen. Du hast so etwas wie Schuld gefühlt bei dem Gedanken. Du hast sogar Strafe für dieses freie Denken erwartet. Strafe von wem? Von Gott? Dein Gott war sehr klein.

Vielleicht ist es Zeit, dich zu verweigern, dich aufzulehnen, nicht mehr die Bewegungen zu machen, die leer sind, nicht mehr die Gebete zu formulieren, die nicht aus deinem Herzen kommen. Vielleicht mußt du das, was du ihm geopfert hast, wieder zurückverlangen. Deine Zartheit zum Beispiel. Die hast du ihm geopfert, als du an das schwarzweiße Bild von Gott geglaubt hast. Du warst damals noch jung und konntest dich nicht dagegen auflehnen. Du hattest nicht die Stärke. Aber in all den Jahren seitdem hast du dieses schwarzweiße Bild weiter erhalten, bist ihm gefolgt. Du hast hier und da einen grauen Ton eingeführt, aber weiter bist du nie gegangen. Du bist einer brutalen Sicht von der Welt gefolgt, und die zarten Stimmen in dir hatten keine Chance gegen die große Vereinfachung einer komplizierten Welt. Da hast du dich dann an die Dogmen gehalten, die du eigentlich nicht glauben konntest. Aber aus dem Wunsch nach Sicherheit hast du dich an sie gehalten. Du hast unter ihnen gelitten und deine Zartheit geopfert.

Und du hast deine Ehrlichkeit geopfert. Du hast Worte gesagt, die leer waren. Du hast Handlungen vollzogen, weil du nicht herausfallen wolltest aus dem Rahmen deiner Freunde und Verwandten. Du hast den Gott der Liebe gebraucht, um so zu leben. Er hat gesegnet, was du tatest. Das hast du dir eingeredet, aber ab und zu hat es auch andere Stimmen in dir gegeben, aber du hast sie nicht ernst genommen, hast ihnen befohlen zu schweigen. Da hast du zugleich deine Ehrlichkeit und Redlichkeit geopfert.

Auch deinen Selbstwert hast du diesem Gott geopfert. Du hast dich klein gemacht, damit er größer erschiene. Ist das ein Gott, der nur durch das Kleingemachte groß erscheint? Welch ein armseliger Gott! Erinnerst du dich an die Momente, wo es dich überfiel, daß Gott, wenn er Gott ist, doch für uns unbeschreibbar sein muß? Das war eine wichtige Einsicht, die du dann wieder vernachlässigt hast. Hole sie wieder hervor und stelle sie neben das Bild von Gott, das du gelehrt worden bist. Vielleicht fällt es dir dann leichter, den kleinkarierten Gott mit all seinen allzumenschlichen Attributen nicht mehr ganz so ernst zu nehmen.

Aber ich will dich nicht kritisieren. Vergiß nicht, daß ich auf deiner Seite bin, daß ich dir deine innere Welt vorstelle, damit du ihr folgen und sie lieben kannst. Ich will dich heimführen zu dir selbst, zu deiner inneren Person. Du weißt ja, daß kein Gott dir im Wege stehen wird auf dem Weg zu dir selbst. Der Gott, der sich zwischen dich und dich stellt, den mußt du erschlagen oder auslachen. Der Gott, der dich in dir zu einem geteilten Haus macht, ist ein Götze. Höre in dich, es ist nichts Neues, was ich dir sage. Du hast es schon oft angedacht, jetzt denke es bewußt und bis zu Ende. Entdecke deine Sehnsucht nach einem Gott, der so für dich ist, daß du wirklich leben kannst.

Erlaube mir, etwas von dem auszumalen, was du schon lange in dir trägst, aber dir nicht zu sagen wagst. Deine Angst vor dem alten Gott hält dich zurück. Ich will es für dich tun.

Vielleicht könnte ein erster Akt dem neuen Gott gegenüber sein, daß du ihm sagst, wie du empfindest und was du wünschst, in aller Ausführlichkeit und in der Sprache, die dir geläufig ist. Meinst du, er könnte dagegen sein? Kann er gewisse Gedanken nicht vertragen? Das wäre doch lächerlich. Er wäre dann viel kleiner als du, der du diese Gedanken denkst. Traue es ihm zu und stehe zu dir selbst. Nimm dich so wichtig, wie du bist. In guten Momenten hast du deine Einmaligkeit gespürt, aber dann ein schlechtes Gewissen gehabt. Du hast relativiert, was du über dich gedacht hast. Du hast dich wieder unwichtig gemacht. Dabei bist du dir doch der wichtigste Mensch in deinem Leben. Nimm es so an, ohne schlechtes Gewissen.

Und wenn du heimgesucht wirst von deinem starken Verlangen nach wirklichem Leben, dann begreife das doch als die Stimme Gottes, die dich zum Leben ruft. Die andere Stimme in dir, die sich dagegenstellt, ist die Stimme des alten Gottes, der nicht dein Leben, sondern deine Unterordnung will, der nicht interessiert ist an Freiheit, sondern an Gehorsam, der nicht die Schönheit des einzelnen sieht, sondern der die Menschen zu einer gesichtslosen Masse macht. Nimm deine innere Absage diesem Gott gegenüber ernst. Du hast sie schon manchmal in dir gespürt, jetzt ist es Zeit, diese Absage zu leben. Laß ihn los, diesen mörderischen Gott, der aus der Angst der Menschen geboren wurde. Schicke ihn weg. Der lebendige Gott wird es überleben. Höre auf, gegen dich selbst zu sein, als wäre das eine besondere Tugend. Das steckt noch tief in dir drin. Noch glaubt eine dunkle Ecke in dir, daß du gegen dich selbst sein mußt, um besonders gottgefällig zu leben. Der Gott, mit dem zu leben es sich lohnen würde, muß alles vertragen können, was dir auf deinem Weg zu dir selbst zustößt. Man muß ihm alles sagen können, man muß zu sich und seinem tiefsten Wesen stehen dürfen. Ist das nicht der Gott, nach dem du dich schon lange sehnst? Es liegt an dir, deine Sehnsucht ernst zu nehmen.

Du willst wissen, woher ich das weiß? Ich habe es

in dir gehört! Ich kenne dich gut, besser als du dich selbst zuweilen kennst, und du wirst mich auch noch besser kennenlernen und damit dich. Wir sind ein unschlagbares Team. Unsere Freundschaft wird dir die Tiefe geben, die du dir immer gewünscht hast. Und denke nicht, daß ich hier alles mache. Denke dran, daß du meine Stimme hören wolltest. Es war dein Wunsch. Ohne deinen Wunsche nach diesem Verständnis, nach dieser Tiefe wäre unsere Begegnung nicht zustande gekommen.

Darüber hinaus sage ich das, was ich sage, auch, weil ich viele Menschen kenne und ihre tiefen Wünsche sehe. Das, was ich gerade formuliert habe, ist der Wunsch vieler, aber sie wissen es gar nicht und geben zu Hunderten und Tausenden auf, geben die ganze Sache mit Gott auf, weil sie sonst gegen sich selbst angehen müßten. Andererseits glauben sie immer weiter an den Gott, den sie verabscheuen. Sie kommen nicht los von ihm, sind aber auch nicht bei ihm. Sie leiden unter ihm und unter sich, können nicht leben und nicht sterben. Und mehr als alles fürchten sie es, ihre innere Stimme zu hören und ihr zu folgen. Sie haben vor sich selbst Angst. Einem Gott, dem sie nicht glauben können, sind sie ausgeliefert. Ihr Wunsch nach etwas, was größer ist als sie, hat sie gefangengesetzt. In diesem Gezerrtsein werden viele krank und lebensunfähig, und Gott als der Lebensspender wird zu einer unkenntlichen Fratze. Das möchte ich bei dir verhindern. Du würdest zuviel Kostbares verlieren.

29

Er wurde eingeschleust wie viele. Jemand brachte ihn zu dir, und du hast dich für ihn eingesetzt. Er war Asylant. Es ist alles mit rechten Dingen zugegangen, und du warst glücklich. Innerhalb des Gesetzes hast du alles eingesetzt, um ihm eine Aufenthaltsgenehmigung und Arbeit zu beschaffen, und es hat geklappt.

Aber diesmal ist es komplizierter. Man will von dir nur, daß du deine Unterschrift gibst, daß diese Hochzeit zwischen einer einheimischen Frau und diesem Asylanten eine echte Hochzeit ist und nicht nur eine Scheinhochzeit, um dem Asylanten eine Möglichkeit zu geben, im Land zu bleiben. Die Behörden wünschen deine Unterschrift, weil sie dir trauen und mit deiner Ehrlichkeit rechnen.

Du kennst die Frau gut und weißt, daß sie den Fremden erst kurze Zeit kennt. Du vermutest, daß die beiden nie ein Paar sein werden. Und jetzt will man eine Unterschrift von dir. Du denkst an deinen guten Namen, an die Notwendigkeit, sich an die Gesetze des Landes zu halten, damit das Land nicht im Chaos endet. Aber du weißt auch, daß die Gesetze nicht für die Armen und Rechtlosen und schon gar nicht für die Heimatlosen gemacht sind. Du weißt, daß er, wenn er wieder zurück in sein Heimatland geschickt wird, nicht lange leben wird.

Und doch überlegst du. Auf der einen Seite ist sein Leben, auf der anderen dein guter Name. Sich für das Leben zu entscheiden heißt auch immer, sich für das eigene Leben zu entscheiden, auch wenn man dafür einen hohen Preis bezahlen muß. Diese Entscheidung betrifft deine Einstellung zu dem Leben in dir. Was wirst du tun?

30

Heute komme ich als Kinderstimme zu dir. Wir haben die letzten Male zu ernst miteinander gesprochen. Vielleicht nicht *zu* ernst, aber so ausschließlich ernst. Es ist Zeit, auch mit Leichtigkeit zu reden. Erinnerst du dich noch, wie du als Kind so stark im Augenblick gelebt hast? Als du älter wurdest und später dann erwachsen, da mußtest du immer so darauf achten, daß du auch wirklich erwachsen wirktest, weil du sonst Angst hattest, man würde dich nicht ernst nehmen. Dabei verlorst du das Kindsein im Erwachsensein.

Jetzt hast du immer weniger zu verlieren. Du bist der, der du bist. Du bist immer weniger auf Wirkung aus. Jetzt darfst du wieder Kind sein. Du darfst wieder staunen. Darfst dich zurückziehen und auch mal unreflektiert antworten. So wie du als Kind traurig betroffen sein konntest und so deine Schwäche sichtbar wurde, so darfst du auch jetzt wieder sein. Du darfst wieder glücklich über Kleinigkeiten sein und manche Antworten einfach nicht wissen.

Kommst du mit zum Fluß? Ich möchte mit dir Kiesel auf dem Wasser springen lassen und bei jedem Wurf hoffen, daß einer mal endlos oft springt und nicht untergeht.

31

Manchmal bediene ich mich deiner Träume. Dann wähle ich die Stimme der Bilder und Gefühle. Ich will bewußt nichts restlos deutlich machen, weil ich wünsche, daß du dir Bilder und Gefühle formulierst und sie aus dir selbst heraus verstehst.

Es gibt Zeiten, da kann ich dir nur durch Träume begegnen, weil du dich sonst immer gegen mich stellst. Das sind deine tauben Zeiten. Nur im Traum darf ich ohne Unterbrechung zu dir reden. Dann wähle ich viele Verkleidungen und eine Unzahl von Stimmen, um gehört zu werden. Manchmal wiederhole ich einen Traum, damit er gewichtiger wird und du dich besser an ihn erinnern kannst.

Denke an den ständig wiederkehrenden Traum, den du in den letzten Jahren hattest. Entweder läufst du vor etwas weg, oder es ist ein Unwetter, dem du entkommen willst. Vor dir ist eine Tür, aber du kriegst sie nicht auf. Sie ist verschlossen. Du hämmerst gegen sie und wachst dabei auf.

Offensichtlich bedroht dich etwas im Leben. Du willst entfliehen, aber dir gelingt es nicht. Aber vergiß nicht, daß du alle Teile deines Traumes bist. Du bist auch das Haus und die Tür. Die Tür zu dir selbst ist verschlossen. Du könntest dem Flüchtigen aus deinem Traum Geborgenheit geben. Die Tür geht nur von innen auf. Du mußt sie aufmachen und dann dich selbst eintreten lassen.

Ich kenne dich gut genug, um zu wissen, daß du noch weiter in dich gehen mußt, wenn du sicher sein willst vor dem Unwetter und den Bedrohungen von außen. Du mußt dich für dich selbst auftun. Die Antwort liegt innen.

32

Könntest du glauben, daß die Abenteuer, in die du dich vor kurzem gestürzt hast, eine Flucht vor dir selbst sind? Zwar sind sie nötig, nicht so sehr ihrer selbst wegen, sondern wegen dem, was du von ihnen lernen kannst. Aber sie sind auch eine Gefahr, weil sie dich davon abhalten, dich selbst zu finden. Wenn du dich in der Spiegelung bei anderen erlebst, dann ist das auch ein Teil von dir, aber es ist auch Illusion. Willst du dieser Illusion nachgehen und sie entlarven?

Deine Wünsche nach Abenteuern sind ein Ausdruck für dein Verlangen, dich selbst besser kennenzulernen, zu entdecken, was in dir drinsteckt. In den Abenteuern hast du erlebt, daß du das, was innen war, nach außen bringen konntest. Du hast eine größere Nähe zu deinen tiefen Wünschen erlebt. Aber auch wenn du sie nach außen bringen kannst, so sind diese Wünsche doch nicht von außen durch irgendwen und irgend etwas zu erfüllen. Ihre Erfüllung liegt in dir. Die Wünsche wollen dich zu dir selbst führen. Mache nicht den Fehler und bleibe in äußeren Abenteuern stecken.

Du bist jetzt in einem Alter, wo du noch einmal entscheiden kannst, ob du dein Leben von außen oder von innen her leben willst. Du hast dazu geneigt, dir von außen, von anderen Menschen, von Umständen, von Meinungen sagen zu lassen, wer du bist. Du hast dich so erlebt, wie man auf dich reagiert hat. Du bist von deiner Wirkung und besonders von dem, wie du wirken wolltest, ausgegangen. So hast du dich manchmal an Menschen gebunden. Du wußtest nicht, wer du warst, oder erst dann, wenn du eine Rückmeldung bekommen hast. Es gab Momente, da hast du Angst gehabt, in dich zu gehen – du hattest Angst, dort nichts vorzufinden, und hast die Angst mit viel Aktivität zugedeckt. Jetzt geht die Herausforderung noch einmal an dich: Willst du zu dir kommen, oder willst du immer noch zum Teil durch die anderen leben? Willst du die Frage »Wer bin ich?« weiter versuchen zu beantworten, indem du andere fragst, oder willst du diese Frage ganz neu formulieren in »Wer will ich sein?«. Bei der neuen Frage müßtest du die Verantwortung übernehmen für das, was du tun willst. Da bist du herrlich, aber auch beängstigend allein, und die Zukunft liegt weit offen vor dir.

Was sein kann

In unseren heutigen Entscheidungen
ist die Zukunft schon gegenwärtig,
auch wenn noch Jahre vergehen,
ehe wir in ihr leben.

Jetzt müssen wir die Wege anlegen,
die wir später gehen wollen.

1

Macht es dir angst, daß du nichts über deine Zukunft weißt, daß sie so dunkel vor dir liegt? Dein Leben, wie du es leben wirst, hat es noch nie gegeben, du bist der Erfinder deiner Zukunft. Erlaubst du mir, dich zu begleiten, dir zu raten, dir beizustehen in Glück und Schrecken? Ich möchte es gern. Ich will dein Partner sein bei deiner Reise durch die tückischen Landschaften der Zukunft. Ich will dir helfen, dich durchzufinden durch die vielen Stimmen, die von außen auf dich einfluten und dich verwirren. Es wird viele geben, die dir genau sagen werden, was für dich richtig ist, was dir noch fehlt und wie du leben solltest. Du brauchst vor ihnen keine Angst zu haben, wenn du erst wirklich gelernt hast, auf mich zu hören und auch dann noch zu hören, wenn ich ganz leise flüstere. *Entdecke* die Weisheit in dir.

Und denke nicht, daß du keinen Einfluß auf die Zukunft haben kannst. Die Zukunft beginnt in diesem Moment, und die Entscheidungen, die du jetzt triffst, werden ganz stark bestimmen, wie du leben wirst. Die Zukunft ist dir nicht aus der Hand genommen. Was du jetzt lebst und entscheidest zu leben, wird in ausgeformter Art in fünf, zehn und zwanzig Jahren dein Leben sein. Du legst jetzt deine Zukunft an. Kannst du deine Zukunft lieben, wenn du an sie denkst?

2

Die schwerste und wichtigste Übung deiner zweiten Lebenshälfte wird das Loslassen sein. In der ersten Hälfte hast du dich gemüht, alles zu bekommen, zu gewinnen, zu erhalten, festzuhalten und so deinen Besitz zu bauen. Du hast allem, was dir gehörte, dem Inneren und Äußeren, einen Namen gegeben, eine Prägung verliehen. Du hast der Welt deinen Stempel aufgedrückt. Wo du gegangen bist, hast du Spuren hinterlassen. Das war für dich ein Erfolgserlebnis. So entstanden nach und nach deine Weltanschauung, deine Glaubensüberzeugung, dein täglicher Rhythmus, deine Moral, deine Freundschaften und deine Kollektionen an Besitz, von den Schallplatten und Büchern zu den Möbeln und Glasbläsereien. Das war die so nötige Übung des Aneignens. Durch sie hast du dich heimisch auf der Welt gefühlt, du hattest hier eine Bleibe, umgeben von den Dingen, die deine Handschrift trugen.

Jetzt wird, wenn du weiter reifen willst, die andere Übung von dir gefordert sein: loszulassen, abzugeben und zu erleben, daß dir nichts gehört, nichts gehören kann, überall die Begrenztheit deiner Prägung zu realisieren und zu begreifen, daß nichts gleichbleibt, daß alles im Fluß ist. Erst wird es dir angst machen, dir wird sein, als würdest du dein Leben weggeben, weil dein Leben an dem hängt, was dir gehört und was du glaubst. Es wird dir sein, als würdest du dir selbst in den Rücken fallen und dich verraten. Und wenn du etwas nicht loslassen kannst, wirst du das eigenartige Gefühl haben, dich selbst zu zerteilen und zu zerreißen, wenn du es dann doch losläßt. Und in dieser Zerreißprobe wird sich dein Leben erweitern.

Natürlich mußt du nicht den Weg des Loslassens gehen. Du kannst auch den Weg wählen, den die meisten vorziehen: die Haltungen der ersten Lebenshälfte noch ausgeprägter zu leben. Es bietet sich an, das Gewonnene noch fester zu halten und deinen Besitz zu vergrößern. Das Gesetz, daß Besitz immer zu wachsen habe, befiehlt es geradezu. Das heißt dann auch, daß deine Weltanschauung geschlossener und fester wird. Das Rebellische und Aufmüpfige ist eindeutig eine Art oder Unart der Jugend, die eben noch nicht weiß, was sie will und was möglich ist. Du kannst noch schneller als früher Namen für alles bereit haben. Und je älter du wirst, desto unvorteilhafter werden die Namen sein für die Ansichten, die du nicht teilst, und für die Menschen, die dir nicht entsprechen. Es wird für dich logisch sein, denn das Zweifelhafte sollte mit Namen genannt werden, ohne Scheu und ohne Rücksicht auf Verluste. Es sind die Schwachen, die keinen Standpunkt beziehen, könntest du dann sagen. Und was du dann glauben wirst, wird das einzig Richtige sein, und du wirst die anderen als Irrlehrer abstempeln. Du wirst es dir nicht leisten können, eine Offenheit zu wahren, aber so wirst du es nicht nennen. Du wirst davon sprechen, daß die meisten Menschen nicht den Mut haben, einer Überzeugung zu folgen, weil sie zu ängstlich sind und immer liberal wirken wollen. Aber du, ja du hast den Mut und bist auch bereit, dich nicht solchem Geschwätz zu beugen. Und an deinem Besitz wirst du hängen, und du wirst es dir und jedem, der zuhören will, erklären, daß der Besitz eine Versicherung gegen das Alter ist. Immerhin willst du doch niemandem zur Last fallen, wenn du einmal nicht mehr fähig sein solltest, Geld zu verdienen.

Du wirst geizig werden, es aber sparsam nennen und selbst nicht durchschauen, daß du das Loslassen nicht gelernt hast. Und je weniger du im Leben zu sagen haben wirst, weil das Leben an dir vorbeigehen wird, desto mehr wirst du versuchen, allem deine Prägung zu geben. Von deinen Familienmitgliedern wirst du erwarten, daß sie die Welt so sehen wie du. Du wirst deine Freunde opfern, wenn sie das Falsche glauben. Du wirst deine ganze Welt drücken und festhalten, um sie nicht loszulassen, und selbst dabei immer kleiner und ängstlicher werden. Du wirst schrecklich unter dem Altern leiden und dich rächen, indem du andere unter dir leiden läßt.

Welchen der beiden Wege wirst du wählen? Es ist deine Wahl. Du trägst beide Wege in dir. Spürst du die Angst vor dem zweiten Weg? Kannst du dir den anderen vorstellen? Ich will noch ein paar Sätze zu dem ersten Weg sagen, nicht weil ich sie mir ausgedacht habe, sondern weil sie in dir stecken und du ab und zu das tiefe Glücksgefühl des Loslassens erlebt hast.

Erinnerst du dich noch, als du als Fünfzehnjähriger einen jungen Habicht mit gebrochenem Flügel fandest, ihn mit nach Hause nahmst, einen Käfig bautest und ihn versorgtest? Ohne deine Hilfe hätte er wahrscheinlich nicht überlebt. Du hast ihm den Flügel verbunden, hast ihn gefüttert, hast ihm einen Käfig gebaut und rein gehalten, hast alles über Habichte gelesen, was du finden konntest, und hast ihn manchmal stundenlang beobachtet. Stolz hast du deinen Freunden erklärt, daß es dein Habicht sei. Aber dann wurde dir klar, daß ein Habicht im Käfig eigentlich gar kein Habicht mehr ist, und langsam hast du dich mit dem Gedanken angefreundet, ihn loszulassen. Als der Tag kam, du warst allein mit deinem Habicht, bist du aufs Feld gegangen, hast die Tür des Käfigs aufgetan, und mit einem weinenden und einem lachenden Auge hast du zugesehen, wie der Habicht erst hüpfte, dann flog und später seine großen Kreise über dir zog. Du warst glücklich.

Ich erinnere dich auch an deine Reise in die USA. In Arizona hast du ein Experiment gemacht. Als du alles, was du besaßest, auch deinen Schlafsack, deine Kamera, sogar fast alles Geld, in Phoenix in einem Schließfach ließest, dich an die Straße stelltest und dann fast eine Woche ohne etwas unterwegs warst, warst du unendlich glücklich. Nichts hing an dir. Du warst so leicht, so daß es dich auch nicht gestört hat, daß du einige Nächte einfach in den Feldern schliefst, es war warm genug. Du hast in den Tagen mehr gepfiffen und gesungen als sonst auf deiner ganzen Reise.

Und als du später als Student nicht mehr wußtest, was du glauben konntest, als die alten Glaubensgebäude zusammenbrachen und eine Welle neuen Denkens dich überflutete, da erlebtest du zwei Regungen in dir: Angst vor der Verunsicherung einerseits und eine unbändige Freude, gewisse alte, bekannte, langweilige Ansichten loslassen zu können. Da tat sich eine Welt auf, die gerade erst erschaffen schien und für deine Entdeckungsreise bereitstand. Du warst frei, ohne den Ballast von festen Meinungen und Dogmen, du brauchtest nicht dein eigener Vater zu sein und dich selbst mit erhobenem Zeigefinger zu ermahnen. Du konntest die Welt neu erfinden.

3

Denke nicht, daß dich das Alter vor der Sehnsucht schützen wird. Wenn du lebendig bleiben willst, dann wird auch dein Sehnen lebendig bleiben, und jedes Sehnen ist Schmerz.

Aber es ist auch Schutz. Solange du dich noch sehnst und ganz konkret weißt, wonach du dich sehnst, ist es eine Sicherheit. Vor dir liegt das herrliche Ziel. Es ist wie ein Märchenschloß, auf das du zugehst. Aber wenn du es erreichst, ist dein Schutz weg. Dann merkst du, daß deine Sehnsucht viel, viel größer ist als das Schloß. Das Schloß ist armselig gegen deine Sehnsucht. Schäbig ist das Erreichte, und deine Sehnsucht leuchtet und weist auf ein anderes Schloß, größer und schöner. Du machst dich auf den Weg, und nach vielen Strapazen erreichst du es auch. Doch auch dieses Schloß wird armselig sein. Zwar verändert sich das Schloß nicht, nein, es ist so herrlich, wie du es vorher aus der Ferne gesehen hast, aber im Näherkommen wächst deine Sehnsucht über das Schloß hinaus.

Die Sehnsucht wird immer stärker und überwältigender. Sie wird dich überfallen, als wolle sie dich fressen. Sie wird dasein, wenn du sie nicht vermutest. Sie wird gerade mitten in deine Erfüllung hineinplatzen.

Vielleicht stehst du auf dem Ausguck des Schlosses, siehst das dünngehämmerte Gold auf dem Dach des höchsten Türmchens, es ist so leicht gebaut, daß es sich fast in Luft auflöst, da wird plötzlich die Sehnsucht sich so ausdrücken: Du wirst die Gebrechlichkeit des Turmes sehen, das morsche Gebälk, du wirst sehen, daß das Gold von blutenden Händen so dünn gehämmert worden ist, und du wirst weiter zu einem Schloß wollen, das nicht so gebaut wurde.

Früher kam die Sehnsucht nur zu gewissen Zeiten, hatte die Gestalt einer schönen Person, eines frohen Wortes, kam nur, wenn du sie wolltest. Aber jetzt ist es, als wenn sie entscheidet, wann sie bei dir sein wird. Darum bist du vor ihr nicht mehr sicher. Sie ist einfach da. Du liebst sie, weil du weißt, daß sie dich weiterbringt. Sonst hättest du nicht all die schweren Märsche durch unwegsames Gebiet auf dich genommen, hättest dich längst irgendwo zur Ruhe gesetzt und wärst jetzt so wie die anderen, die nichts verstehen, wenn du von Sehnsucht redest. Du liebst die Sehnsucht, und doch fürchtest du sie auch, weil sie so schmerzt.

Es wird einen Tag geben, du gehst direkt auf ihn zu, da wirst du dich entscheiden müssen, ob du sie weiter in deinem Leben behalten willst oder nicht. Wenn du »Ja« sagst (und ich vermute, daß du es tun wirst, zuviel ist dir schon passiert, zuviel Leben), dann wirst du immer dieses Zerren in dir tragen. Es wird zu deinem Leben werden. Als Trost kann ich dir nur sagen, daß du auch andere antreffen wirst, die dieses Zerren kennen. Wenn du »Nein« sagst, dann wird alles viel leichter sein, aber schon bald wirst du dein Leben nicht mehr wirklich spüren. Deine Sehnsucht zeigt dir, daß du noch lebendig bist. Darum ist sie eine Kostbarkeit.

4

Und wie eine Schwester der Sehnsucht wirst du der Ahnung begegnen. Das hast du früher kaum gekannt. Du hast gewußt. Du hast gedacht, logisch gedacht. Du hast gerechnet. Du hast gezählt. Ab und zu hast du mal etwas vermutet – das war eine Vorstufe des Ahnens. Aber dann bist du schnell zurückgekehrt zu dem festen Wissen, zur Logik, zu deinem Verstand, wie du es meistens genannt hast.

Erst wirst du dich gegen das Ahnen wehren. Du wirst nichts drum geben, wirst es abtun und sagen, es sei für Leute, die nicht gut denken können. Du wirst auch sein Bedrohliches spüren und wieder schnell zu den Denkformen zurückkehren, die du kennst. Aber du wirst dir selbst immer weniger glauben. Du wirst Ahnungen nachgehen, ihnen auf den Grund gehen wollen und keinen letzten Grund finden. Unter jedem Grund wird immer noch ein weiterer Grund ahnbar bleiben. Du wirst beobachten, ob sich deine Ahnungen erfüllen, und erstaunt sein, wenn sie es tun. Aber du wirst niemand etwas davon sagen, weil du dich lächerlich machen könntest. Im Laufe von Jahren wird das Ahnen mehr und mehr Raum in deinem Leben einnehmen, und du wirst dich nicht mehr dagegen wehren. Du wirst es annehmen und begreifen, daß etwas aus einem großen Wissen, das du früher nicht kanntest, auf dich zukommt und sich dir mitteilt. Dann wirst du es willkommen heißen, und aus dem Wissen wird dein großer Schatz werden.

Du wirst nach Worten suchen für all deine Erlebnisse in diesem Bereich und keine Worte finden. Du wirst deine Erfahrungen wortlos machen, sie in dir tragen und niemand sagen müssen. Daß manche dich nicht verstehen werden, wird der Preis sein, den du zahlen mußt.

Vielleicht bin ich ein wenig zu weit gegangen. Alles, was ich gerade beschrieben habe, wünsche und hoffe ich. Ich wünsche dir diese Ausweitung und Vertiefung. Vielleicht wünsche ich sie mir, weil du dann mehr und mehr auf mich treffen und hören würdest. Aber ich weiß auch, daß es die andere Entwicklung gibt: die Angst vor allem, was nicht greifbar und beweisbar ist. Weil mit dem Alter die Unsicherheit zunimmt, kann es sein, daß du immer »kleiner« denken wirst. Dann wirst du auch mich immer weniger hören. Du wirst mich ins Schweigen abdrängen. Mundlos werde ich in dir sein. Und du wirst immer einseitiger und vordergründiger sein. Tu mir das nicht an! Tu es dir nicht an!

5

Vielleicht wirst du im Alter, es mag schon bald beginnen, das Fliegen lernen. Ich stelle es mir an einem Frühlingshimmel vor. Du stehst an einem Abgrund und machst plötzlich, als müßtest du dich selbst überrumpeln, den einen Tritt in die Luft. Du brauchst nicht mehr die Sicherheit der Erde unter dir.

Zunächst fällst du etwas, aber dann gelingt es dir. Unter dir siehst du die Bauern auf den Feldern, wie sie sich mühen mit dem Getreide, das später zu Brot verarbeitet auf einem Holzbrett in deiner Küche liegen wird. Du siehst den Flußlauf, silbern im Gegenlicht. Ein winziges Auto müht sich den Berg hinauf, zu dem Ausguckpunkt, den du gerade verlassen hast. Du hast keine Flügel, deine Arme reichen aus. Mit ihnen steuerst du zuverlässig. Während du fliegst, fällt mehr und mehr von dir ab, du wirst immer leichter, und du meinst zu merken, daß die Luft schon dünner wird. Freiwillig kehrst du zurück und setzt mit Schwung wieder neben dem Abgrund auf. Niemand hat dich gesehen, und du weißt, daß es gut so ist.

Kannst du dir vorstellen, so durch die Welt der Gedanken zu fliegen und einen immer größeren Überblick zu gewinnen? Wenn du es dir vorstellst, dann beginnt das Fliegen schon jetzt. Alles Fliegen beginnt auf dem festen Boden, gleich neben dem Abgrund. Die Luft trägt.

6

Es wird so scheinen, als würde dir das Leben selbst die Alternative anbieten, die Revolution den Jungen zu überlassen. So wie es sich gehört. Du wirst die Sprüche des mittleren Alters kennenlernen. Früher hast du dich gegen sie aufgelehnt, aber jetzt wirst du sie besser verstehen können und Gefahr laufen, sie zu gebrauchen, weil du sie glaubst. Du wirst von den »Jungen« in einem Ton reden, der eine Mischung von Neid und Mitleid ist. Wenn das passiert, weißt du, daß du alt wirst. Vielleicht wirst du alt, weil du es erwartet hast. Und weil du es erwartet hast, werden sich deine Gedanken auch verändern. Du wirst nicht mehr mutig denken, sondern angepaßt. Dein Bedürfnis nach Ruhe wird zunehmen, aber es wird nicht die Ruhe sein, in der du zu deinem Kern findest, sondern die Ruhe des Abschaltens und Aufgebens der Welt. Du wirst die Verbindung zu dem, was passiert, verlieren. Jeden Morgen wirst du aus einem unsichtbaren Kästchen einen unsichtbaren Spruch nehmen und ihn unhörbar in die Luft sagen. Auch wenn die Sprüche unhörbar sind, werden sie dich bestimmen und tief in dich einsinken wie eine Prophezeiung und wie ein Fluch. Ich will dir einige der Sprüche sagen, die in dem Kästchen sind.

»Das kennt man doch.«

»Die Jungen, ach ja, die Jungen…«

»Das haben wir damals auch versucht.«

»Es hat keinen Zweck.«

»Ich bin müde.«

»Es ist Quatsch, Hoffnung zu haben.«

Oder du wirst gewisse Bewegungen oder Handlungen machen, wenn die Sprüche nicht ausreichen oder nicht das treffen, was du zu sagen wünschst. Zu den Bewegungen und Handlungen könnten folgende gehören:

Du schaltest ab und stellst deine Augen auf unendlich.

Du wirst die immer wieder umknickende Zeitung straff ziehen, daß sie knallt, und vorgeben, in ihr zu lesen.

Du wirst mit der rechten Hand, den Ellbogen neunzig Grad angewinkelt, in die Luft schlagen, manchmal zu dem Satz: »Es hat ja doch alles keinen Zweck.«

Du wirst eine fröhliche Melodie lieblos pfeifen.

Du wirst auf Spaziergängen, die du fast nur noch allein machst, nicht gegen Steine, sondern auf Steine treten und versuchen, sie in die Erde zu bohren.

Du wirst nicht merken, was du ißt.

Du wirst gerade bei freundlichen Gesprächen aggressiv klingen.

Du wirst an allem etwas auszusetzen haben.

Du wirst vorgeben, gerade das besser zu wissen, was dich noch nie interessiert hat.

Du wirst sparsamer werden, gerade wenn du es nicht mehr nötig hast.

Du wirst die Augen nicht mehr weit aufmachen, weil dir die Komplexität des Lebens zu anstrengend ist.

Du wirst an Kinderspielen keine Freude mehr haben.

Du wirst Älterwerden mit Reifen verwechseln.

Du wirst Fremde nicht mehr fragend anreden.

Du wirst nicht vom Tod reden, oder wenn du es tust, dann wie jemand, der ihn schon einmal erlebt hat.

Aber warum soll ich die Liste länger machen? Wenn du dich umsiehst, findest du, was ich beschreibe. Ich sage dir nichts Neues.

Ich will es aber nicht dabei lassen, weil ich weiß, daß du auch anders leben könntest. Ich will wieder auf das Feuer in dir zu sprechen kommen, auf das Licht und Feuer. Wenn ich dich dann ansehe, deinen inneren Reichtum, über den ich nie müde werde zu staunen, dann weiß ich, daß nichts in dir so brennt wie der Wunsch, auch im Alter lebendig zu bleiben. Und dieses Feuer in dir läßt keine Sprüche zu. Die Sprüche, die ich gerade aufgelistet habe, empfindest du als Verrat an dem Leben, das sich ständig verändert. Dann höre ich dich folgendes sagen:

»Manchmal denke ich, daß ich gerade erst geboren bin. Ich verstehe so wenig, und die Welt scheint sich ständig zu verändern.«

»Ich möchte mich mit der Kraft der Jungen verbinden. Meine Erfahrung und ihre Energie, das wäre eine unschlagbare Verbindung.«

»Uns ist es damals nicht geglückt, vielleicht glückt es euch. Ich mache mit, wenn ihr mich gebrauchen könnt. Die Herausforderung finde ich spannend.«

»Nichts ist umsonst. Jede Tat der Liebe verändert die Welt zum Positiven, auch wenn wir es nicht sehen.«

»Ich will gerade im Schwierigen die Chance sehen. Gerade das Unmögliche will ich möglich machen.«

»Ich will leben und mich mit Aufmerksamkeit dem Leben zuwenden. Es gibt so viel zu sehen und zu lernen.«

»Ich lasse mir die Hoffnung durch nichts nehmen. Sie ist mein kostbarster Besitz. Ich entscheide mich für die Hoffnung, ganz gleich, wie schlecht und hoffnungslos es in der Welt aussieht.«

Das sind nicht Worte, die ich mir ausgedacht habe. Ich habe sie in deinem Inneren gehört. Ich habe gesehen, daß du manchmal danach gelebt hast. Diese Sicht der Welt will ich in dir stärken, dann wird deine Zukunft weit offen sein, und dein Leben wird nicht langsam austrocknen. In dir ist eine altmodische Waage – an dem Waagebalken hängen zwei Waagschalen. In welche legst du das Gewicht deiner Entscheidung?

Ich will dir auch eine Liste mit Handlungen und Bewegungen aufschreiben. Ich habe sie schon alle an dir beobachtet und habe in ihnen das Feuer deines Lebendigseins gespürt.

Du hast nicht abgeschaltet, indem du die Augen auf unendlich gestellt oder zugemacht hast, sondern du warst in deinen Augen gegenwärtig, und du lebtest in deiner scharfgestellten Pupille. Wirst du weiter so leben, wenn immer es möglich ist? Ich vertraue dem Leben in dir und formuliere die nächsten Sätze als Aussagen, um dich anzuspornen, die Zukunft fest in die Hand zu nehmen.

Du wirst die Zeitung weglegen und mit deinem Gegenüber reden, weil es viel zu sagen gibt, das ihr bisher umgangen habt.

Du wirst deine Hände ausstrecken auf der Suche nach anderen Händen und sie behutsam berühren und dich berühren lassen.

Dein Pfeifen und Singen wird etwas von dir zeigen, etwas mitteilen, nicht etwas verdecken.

Auf deinen Spaziergängen wirst du die Steine, gegen die du sonst tratst, aufnehmen und ihre Musterung entdecken.

Du wirst nicht nur essen, sondern kochen, und zwar deine ganz eigenen Rezepte.

Du wirst sogar bei schweren Gesprächen werbend klingen.

Du wirst aufhören zu vergleichen.

Das, was du schon immer kanntest, wirst du neu lieben lernen.

Du wirst großzügiger werden, auch mit dir selbst, vielleicht sogar verschwenderisch sein und merken, daß du wertvoll bist und die anderen auch.

Du wirst mit offenen Augen durch die Welt gehen und dich nicht scheuen, die zunehmende Komplexität des Lebens als Ausdruck menschlichen Wachstums zu verstehen. Das Schwere deines Lebens wirst du versuchen in Reife umzuwandeln.

Kinder werden dich kaum loswerden, um alleine zu spielen.

Du wirst nicht immer deinen »Puls« fühlen, um zu sehen, ob du auch wirklich reifer wirst.

Fremde wirst du »unbekannte Freunde« nennen, deren Lebensreichtum du teilen möchtest.

Du wirst wenig vom Tod reden, weil das Leben dir soviel aufgibt.

Was wirst du wirklich tun?

7

Es wird Tage geben, da wird alles Augen haben. Alles wird dich ansehen. Du wirst den Blick aller Personen, die Aussagen aller Situationen und Dinge verhüllen wollen, aber es wird dir nicht gelingen. Alles wird dich ansehen und in deinem Leben zu einer fragenden Gegenwart werden. Es wird alles nach Asche schmecken, weil es die Gegenwart des Todes ist. Und du wirst dich aufbäumen wie ein gefangenes Tier. Du wirst es nicht mit vielen Worten und Gebärden tun, aber es wird die Spannung in dir bis zum Zerreißen erhöhen. Und alles wird dich weiter ansehen, und es wird die Rede von Asche, Ende, Verlust und Tod sein.

Es passiert nur, weil du in der Verletzbarkeit gewachsen bist. Das hungernde Kind, der tote Soldat, die belogenen Massen, die Reichen in ihren Totenmasken, die Überdrehten in ihren seelischen Qualen, die Friedenskämpfer, die Zarten inmitten der Brutalität, sie werden alle in dich eingehen und ihr Gewicht bei dir ablegen, weil du in dir einen Raum geschaffen hast, der sie aufnimmt. Du hast dir die Worte verboten, die den Abstand halten würden. Du hast dir den Sarkasmus und Zynismus verboten. Du lachst nicht über das Leid und suchst nicht zuerst den Schuldigen. Du leidest mit. Deine Verletzbarkeit ist ein Rettungsboot im Meer.

Aber du wirst denken, daß du es nicht schaffen kannst, so viel Elend, überall Sterben und Sinnlosigkeit. Du wirst fast untergehen und nichts und niemand mehr tragen können. Und manchmal wird es gerade dieses sein, welches andere trägt, dein ehrliches Am-Ende-Sein. Vielleicht wird das Verwegenste an dir deine Solidarität mit dem Leid sein.

Weißt du, was ich sage, oder spreche ich unverständlich? Ich rede aus einer reinen Quelle, die *in dir* fließt. Licht und Leid gehören zusammen. Mit offenen Augen zu sehen, nicht auszuweichen, standzuhalten, das ist die Quelle des Lichtes. Du bist unterwegs dorthin. Wirst du weitergehen? Vor dir liegt Licht. Und Leid.

8

Ich habe große Hoffnung, daß du dem Ketzerblut in dir noch eine echte Chance geben wirst. Gerade du in deiner Position könntest etwas aufreißen von der Sicherheit und Verfahrenheit, in der die tötenden Wiederholungen ablaufen. Es würde wie ein Aderlaß für dich sein. Dein Blut kommt sich manchmal wie eingesperrt vor. Es gerinnt in den festen Blutbahnen, den Dogmen, die die Seele erfindet, um nicht frei und verantwortlich zu sein.

Sag explodierende Worte, singe grenzenlose Lieder, denke Gedanken, die die Verkrustungen zersetzen, erschüttere mit deinen Augen und beuge dich nicht unter der Peitsche der Frömmler. Komm, bau ein Haus ohne Dach, höre auf die stillen Stimmen, schweig, wenn man zudeckende Worte von dir erwartet, glaub Kindern, sieh den einzelnen, beachte das Kleine, verschließ deine Tür nicht.

9

Du weißt nicht, wann der Tod auf dich zukommt. Vielleicht weißt du es doch, vielleicht wirst du ihn sogar rufen. Vielleicht sterben wir nur an der Unfähigkeit, noch zu leben. Vielleicht ist der Tod unser letzter Hilferuf.

Wie und wann er auch kommen mag, dieser letzte Feind, dieser Freund, dieser Zerstörer und Erlöser, wichtig scheint mir, daß er schon jetzt unser Begleiter ist. Mehr als alles wünsche ich dir, daß der Tod für dich nicht ängstliche Flucht oder erschrekkender Ausweg ist. Daß du nicht aus dem Leben in den Tod fliehst, weil das Leben dir zu schwer geworden ist. Für die meisten ist der Tod so beängstigend, weil sie nicht wirklich gelebt haben. Der Tod holt sie vor dem Leben, jedenfalls vor dem Leben, das sie sich vorgestellt haben. Sie fühlen sich um ihr Leben betrogen. Für sie ist ihr ganzes Leben die stille, ungestellte Frage, ob es ein Leben vor dem Tod gibt. Ihr Leben scheint mit »Nein« zu antworten. Sie leben nicht, und darum werden sie aus Verzweiflung krank und beweisen sich so, daß es kein Leben gibt, und sterben. Was ist krank, ihr Körper oder ihre Seele? Gibt es da eine Trennung?

Wenn du erfüllt gelebt hast, wird der Tod eine Erfüllung sein. Wenn du leer gelebt hast, wird der Tod die letzte, beängstigende Leere sein. Du wirst weggewischt werden, und die Angst vor diesem Weggewischtwerden wirft ihren Schatten rückwärts ins Leben, und der Tod passiert schon jetzt, täglich. Da ist der Teufelskreis, aus dem dich nur die Entschiedenheit, jetzt wirklich zu leben, befreit. Es liegt in deiner Hand.

10

Was wirst du hinterlassen? Werden es Dinge sein: ein Auto, ein Haus, ein Bett, Geschirr, Möbel, Bücher? Wirst du zwischen den Dingen sichtbar sein und in der Erinnerung der Menschen eine Gegenwart einnehmen, die sie ermutigt zu hoffen, wenn sich die Sinnlosigkeit auf alles zu legen scheint?

Wird man dich vermissen, weil die Hinterbliebenen ohne dich schlecht leben können, oder wird man sagen, daß das, was du hinterlassen hast, genug ist, um voller zu leben?

Wird es nach deinem Tod nötig sein, sentimental zu werden im Gedanken an dich, um überhaupt etwas zu fühlen, oder wirst du auch in den Gefühlen anderer, nicht nur in ihren Gedanken, einen Platz eingenommen haben?

Würde es dich schmerzen, wenn du wüßtest, daß dein Tod anderen wenig Schmerzen verursachen wird? Warum?

11

Dein Körper, mit dem du einfach immer so gerechnet hast, wird sich bemerkbar machen. Vielleicht wirst du verspannter sein oder nicht mehr so viel Ausdauer haben bei langen Spaziergängen. Manchmal wird der Körper seine Dienste versagen oder sie nicht mehr ganz so selbstverständlich ausführen. Du wirst nicht Skilaufen gehen wollen, weil du Angst hast, dich zu verletzen. Du wirst geneigt sein, nicht mehr so heftig wie früher Steine auf dem See springen zu lassen, und zu Wettläufen wird man dich kaum noch herausfordern, oder du wirst die Herausforderung nicht annehmen.

Wirst du das Zurückgehen mancher Stärken einfach an dir passieren lassen, oder wirst du gegen das Aufgeben in dir kämpfen? Aber noch wichtiger scheint mir, ob du das, was du in einem Bereich verlierst, in einem anderen aufbaust. Ich ahne, daß sich im Leben manche Türen schließen, damit sich andere auftun. Achte darauf, welche sich auftun. Die meisten Menschen verpassen die offenen Türen und versuchen, die geschlossenen einzurennen.

12

Ich sehe dich zielstrebig. Vierzig oder fünfzig Jahre, in denen du dich gemüht hast um ein Ziel und um ein Ziel innerhalb des Zieles. Du hast verfeinert, was dich bewegte, du hast versucht zu erreichen, was du erreichen solltest. Du bist dem nachgefolgt, was du von dir verlangt hast. Dir waren deine Ziele so wichtig. Nichts konnte dich von ihnen abhalten. Hast du dich selbst vernachlässigt über deinen Zielen, oder warst du identisch mit ihnen?

Jetzt lösen sich die Ziele auf. Sie halten der Ehrlichkeit des Alterns nicht stand. Nur noch Wirkliches willst du annehmen. Du räumst auf mit den versteckten Lügen deines Lebens. Sie sind eigentlich keine Lügen, das wäre zu hart. Es sind nur Dinge, die du nicht in dir aufsteigen ließest, weil du nicht gewußt hättest, wie du mit ihnen leben solltest. Das Bewußtwerden ist jetzt deine Ehrlichkeit. Du verschleierst nichts mehr vor dir selbst. In dem Maße, wie du dich schonungslos deinen Gedanken auslieferst, wird du es auch schwerer haben, mit dir selbst zu leben. Aber andererseits brauchst du dich dann auch nicht mehr vor den dunklen Seiten in dir zu fürchten. Du kannst jetzt auch offen vor dir selbst leben.

Ich merke, daß du manchmal sogar glücklich bist, einen Schatten zu haben. Du hast eine dunkle Tiefe, die du noch ausloten willst. Das ist jetzt dein Ziel. Mit dem Alter kommen die Ziele nach Hause, zurück zum Herzen. Aus den Gedanken werden Taten. Aus dem Herumjagen wird das Stillstehen.

13

Manchmal wirst du dich fragen, ob du noch Vater für deine Kinder sein kannst. Vielleicht wirst du die Rolle sogar krampfhaft festhalten, wie etwas, an dem du dich selbst erkennen kannst. Dann hoffe ich, daß du entdeckst, wie die Beziehung zu deinen Kindern in einem ständigen Wechsel begriffen ist.

Als deine Kinder geboren wurden, warst du ihr fürsorglicher Vater. Du hast ihnen die Welt eröffnet, sie eingeführt in die vielen Dinge, die es zu lernen gab. Sie waren von deinem Schutz abhängig. Darum verehrten sie dich, als könntest du alles. In ihren Augen konntest du alles. Du warst ihr großartiger Vater. Aber dann kamen immer häufiger Phasen, in denen sie dich befragten. Sie begannen an deiner Vaterstellung zu rütteln. Du konntest das verstehen und gabst ihnen den Raum, hieltest sie nicht an einer kurzen Leine. So durchlebtet ihr schwere, aber auch schöne Zeiten. Das liegt hinter dir.

Du gehst jetzt in ein Alter, in dem du zum Kind

deiner Kinder werden kannst und es vielleicht auch solltest. Es ist natürlich. Du merkst schon seit einiger Zeit, daß es Dinge gibt im Leben, besonders im Leben deiner Kinder, ihre Musik zum Beispiel, ihre Fragen, ihre Nöte, der Druck, dem sie ausgesetzt sind, daß du diese Dinge nicht mehr richtig verstehst. Du brauchst dich da nicht schlecht zu fühlen. Es ist nicht deine Welt, es ist die Welt der nächsten Generation. Kannst du es darum annehmen, daß deine Kinder dir die Welt eröffnen, daß sie dich bei der Hand nehmen und dir Neues zeigen und glücklich sind, wenn du von ihnen lernst? Wirst du das schaffen? Es ist deine und auch ihre Chance. Eure Beziehung braucht nicht abzubrechen wie bei so vielen Eltern und Kindern. Aber sie muß auf eine andere Ebene, wenn sie wirklich echt bleiben soll und ihr nicht nur die Rollen, die ihr zwanzig Jahre geübt und gelernt habt, einfach weiterspielen wollt. Wenn ihr die alten Rollen erhaltet, entwickelt ihr euch nicht weiter.

Es ist eine Art Machtübergabe. Aber es passiert auch, weil du frei sein mußt für das, was jetzt für dich beginnt. Es geht nicht mehr nur darum, mit der Welt mitzuhalten, auf dem laufenden zu sein, sondern bald wird deine Zeit der Weisheit beginnen. Das Achten auf den Gang der Dinge hast du an die Kinder abgetreten, und damit bist du frei, dich den Werten des letzten Lebensdrittels zuzuwenden. Du darfst dich dann um die Weisheit des Alterns und Alters bemühen. Ich könnte es auch das Vorbereiten auf den Tod nennen, aber vielleicht erschreckt dich das noch zu sehr. Es wird ein Hineinnehmen des Todes ins Leben sein. Das ist die Arbeit der Zukunft, deren Fundament du jetzt legen mußt.

Wenn du dich dieser Weisheitsarbeit widmest,

wirst du wieder zum Vater deiner Kinder werden. Wieder wirst du ihnen vorangehen, wie du es damals getan hast, als sie noch klein waren. Sie werden dich *freistellen,* indem sie das übernommen haben, was früher für dich wichtig war. So haben sie ihren Weg, und du hast deinen. Auch wenn deine Kinder und die Generation, die nach dir kommt, es nicht formulieren können, so warten sie doch auf dich, auf die Menschen, die ihnen vorausgehen in die tieferen Zusammenhänge, in die Welt, die hinter der Welt der Erscheinungen liegt. Sie brauchen nicht mehr die Informierten, zu denen du einmal gehört hast. Die sind sie jetzt selber. Sie brauchen nicht mehr die Mächtigen und Regierenden. In deren Schuhe wachsen sie selbst gerade hinein. Aber sie brauchen die Weisen, die neue Dimensionen des Lebens auftun. Werde wieder ein Vater auf einer anderen Ebene.

Aber auch da ist der Wechsel noch nicht zu Ende. Wenn du noch älter wirst und dich vielleicht nicht mehr versorgen kannst, dann wirst du wieder zu einem Kind deiner Kinder. Dann müssen sie dich vielleicht führen, vielleicht sogar füttern. Im tiefsten ist es der Kreislauf, nach dem wir uns alle sehnen, weil wir darin einen Platz haben und schon in unsere eigene Zukunft sehen können. In aller Veränderung können wir in dieser Entwicklung eine Heimat für uns selbst finden.

So warst du erst Vater, wurdest dann Kind, dann wieder Vater und wieder Kind. Und alles wird seinen Sinn haben, und wenn du immer wieder neu bereit bist, deine Position abzugeben und deine Kinder wachsen zu sehen, dann wird mit dir zu leben sein, und du wirst deine Freude an ihnen haben. Wenn du dich aber entscheidest, festzuhalten und auf deine Vaterrolle zu pochen, wirst du alles verlieren. Vielleicht erhältst du dir nur noch einen Respekt, eine Rolle, eine Ordnung, aber das wird zu wenig zum Leben sein.

14

Die Alterskrankheit, die Besserwisserei. Wirst du, wenn du über ein gewisses Alter hinausgelangst, dein Alter wie ein Verdienst anführen? Als käme mit dem Alter die Reife und Einsicht von selbst. Von selbst kommt nur das Alter. Alles andere muß erworben werden. Durch dein Alter weißt du nichts besser. Darum baue nicht darauf. Wenn du tatsächlich etwas besser weißt, werden die anderen es wahrscheinlich merken. Nur der, der die anderen nicht überzeugen kann und selbst nicht überzeugt ist, muß versuchen, durch Besserwisserei alles an sich zu reißen. Wenn dir nicht zugehört wird, dann hast du wahrscheinlich nichts zu sagen. Suche die Schuld bei dir und nicht bei den anderen.

15

Ich kenne einen Mann, der die Straßen entlanggeht und nach Zeichen sucht, die ihn an seine Jugend erinnern könnten. Er trägt Grau, als trauere er seiner Vergangenheit nach. Er will nicht auffallen. Er scheut den tieferen Kontakt mit anderen, weil er es sich nicht zutraut, interessant genug zu sein.

Ich kenne einen Mann, der unfähig ist zu handeln, weil er seinen Jugendträumen nachtrauert und sie nicht losläßt. Er hat keine Träume für die

Gegenwart. Traumlos wiederholt er, was nicht mehr zu wiederholen ist. Die Zeit steht still, und er durchläuft immer wieder die gleiche Zeitschleife.

Ich kenne einen Mann, der manchmal erwartet, seinen eigenen Namen in den Todesanzeigen der Tageszeitung zu lesen, und der jedesmal erleichtert ist, wenn er sich dort nicht vorfindet.

Ich kenne einen Menschen, der keinen Menschen wirklich kennt, weil er Angst hat vor dem, was mit dem Kennenlernen auf ihn zukommen könnte. Und weil er niemand wirklich kennt, meint er alle zu kennen. Er hat viele Freunde, denen er nichts sagen kann und die ihm nichts anvertrauen.

Ich kenne einen Greis, dem das Leben Furchen ins Gesicht geschrieben hat, tief und unauslöschlich. Was er erlebt hat, steht auf seinem Gesicht. Er schämt sich nicht, ist sogar stolz auf den Charakter seines Gesichtes. Innen und außen sind bei ihm gleich. Der innere Reichtum drückt sich in den Falten aus.

Ich kenne einen Menschen, der mit Schrecken an die Zukunft denkt und der darum keine lebenswerte Zukunft hat. Er aber sieht, daß er durchaus recht hat, mit Schrecken an die Zukunft zu denken.

16

Dir wird sich das Phrasendreschen wie eine Rettung vor dem eigenen Denken anbieten. Du wirst dazu neigen, dich zu wiederholen, weil du mit dem Gesagten bisher gut gefahren bist. Warum es also nicht wiederholen? Was sonst gewirkt hat, wird doch wieder wirken.

Aber du vergißt, daß du dann ein anderer sein

wirst. Die Worte, die du wiederholst, sind eigentlich eine Lüge. Nur gestern und vorgestern konntest du sie mit Überzeugung sprechen, heute sind sie eine Nachahmung und Nachempfindung. Früher hast du beim Phrasendreschen anderer festgestellt, daß sie alt werden. Wirst du auch alt, ohne es zu merken?

Hörst du mich vielleicht an, weil du von mir ausgelacht werden möchtest, wenn du Sprüche machst? Sprüche stehen dem Sprechen und Verstehen im Wege. Sprüche sind die Wirklichkeiten anderer. Wiederholungen machen aus Gesprochenem Sprüche. Sprüche klopfen die, die zu faul sind, etwas Neues zu erleben oder zu denken. Vielleicht willst du entlarvt werden, damit du dich endlich bewußt ekeln kannst vor deinem Absinken in das Leere und Sinnlose.

Ich bin nicht gekommen, um dir irgendwelche Regeln zu servieren. Ich bin nichts als ein sprechender Spiegel. Du hörst von mir nur, was in dir ist.

17

Du brauchst die Augen nicht zu schließen, wenn du träumen willst. Mach sie weiter auf. Dann kannst du vielleicht das Unsichtbare sehen. Hinter den Augen, die du kennst, deinen graublauen Augen, hast du noch Augen, die tiefer und weiter sehen.

Du fragst, was diese anderen Augen sehen werden? Die Formen des Lebens, die noch einen Ausdruck suchen, das Ungelebte und Ungedachte, das seinen Weg in die Wirklichkeit finden möchte. Der Weg zu diesen Formen führt über das Träumen.

Träumen heißt nicht, etwas zu sehen, was es nicht gibt, sondern dem zur Entfaltung zu verhelfen, was schon im Keim da ist.

Hast du schon mal erlebt, daß Bilder rufen? Sie wollen ins Leben treten. Sie wollen nicht nur deine privaten Träume bleiben, sondern anfaßbar und lebbar werden. Um das Rufen zu hören, brauchst du Stille und Zeit. Dann wagen sich deine Träume mit ihren Bildern wie schüchterne Wesen vor. Vorsichtig mußt du sie ansehen und anhören. Achte darauf, wie konkret deine Träume sind. In ihnen ist meistens etwas, das du selbst und sofort tun kannst. Um weiterzukommen, mußt du bei dieser Kleinigkeit anfangen. Das ist dein Einsatz. Bist du dazu bereit?

18

Was dich mehr zerstören wird als alles andere, wird dein Vergessen sein. Das ist der große Mörder. Wir beginnen mit Träumen, Hoffnungen, Möglichkeiten, Wünschen. Erinnerst du dich noch an die Wünsche, die du einmal hattest? Manche waren kindlich, unrealistisch, vielleicht sogar ein bißchen gesponnen. Du wolltest Astronaut werden, den Hunger aus der Welt schaffen, der Unterhändler sein, dem es gelingt, Ost und West wirklich zu versöhnen. Du wolltest bei Greenpeace mitarbeiten und sehen, daß während deines Lebens auch nicht noch ein weiteres Tier aussterben würde. Du warst nach vorne ausgerichtet. Du hattest Hoffnung. Du hast mit einem inneren Feuer gebrannt.

Dann kamen die ersten Enttäuschungen. Die Verletzungen. Das Erleben deines eigenen Unvermögens. Die fehlende Hilfsbereitschaft anderer. Die Einsamkeit des Hoffenden. Deine Mutlosigkeit. Du wurdest so sterblich, so menschlich, so normal wie alle anderen. Und um damit leben zu können, hast du einige deiner Wünsche vergessen, vergraben. Du hast so getan, als hättest du sie nie gehabt. Die Träume, die du dir nicht erfüllen konntest, wünschtest du lieber erst gar nicht. Dein Leben wurde kleiner. Die Spannung ging weg, und dabei hast du auch etwas von deinem Lebenswillen verloren. Du hast begonnen, dich anzupassen.

Aber es gibt noch ein weiteres und viel gefährlicheres Vergessen. Viele vergessen, daß sie vergessen haben. Sie haben nicht nur vergessen, was sie gewünscht haben, sondern auch, *daß* sie gewünscht haben. Sie haben vergessen, daß Wünschen und Hoffen unzertrennlich zum Menschen dazugehören. Mit diesem doppelten Vergessen zieht eine große Lähmung ein. Sie erleben sie nicht mehr als Lähmung, weil sie sie mit nichts mehr vergleichen können. Sie haben alles andere vergessen. Zu der Lähmung kommt der Zynismus, die Ironie und das Mißtrauen. Darum ist Wachsamkeit wichtig. Das Vergessen schleicht sich vorsichtig und über eine lange Zeit ein. Es ist ein Gift, das durch Stetigkeit wirkt.

Erinnerst du dich an deinen alternden Vater, der zurückging in seine Jugend, in die Zeit, als das Leben noch voller Pläne vor ihm lag? Er wurde nicht fertig mit dem Alter, er wollte wieder Hoffnung haben und konnte sie nicht im Alter finden, weil er es nie gelernt hatte. Hoffnung gehörte für ihn nur zur Jugend, und darum flüchtete er in die Vergangenheit. Man sagte damals von ihm, daß das so komme, wenn man alt werde, und du hast dir damals geschworen, daß du anders alt werden würdest. Du hast es abgelehnt, daß es automatisch so kommen müßte. Du wirst deine Chance haben, zu beweisen, daß die Flucht in die Vergangenheit nicht mit dem Alter kommen muß. Aber wenn du dieser Haltung entgehen willst, dann mußt du jetzt beginnen. Jetzt beginnt der Weg, den du im Alter gehen wirst. Deine ganze Zukunft beginnt jetzt. Dies ist der beste Moment.

Am Ende des Weges ins Vergessen steht ein Mensch, der wunschlos und traumlos unglücklich ist. Nur eine Gefährdung seiner kleinkarierten Welt bringt ihn noch aus der Ruhe. Er sieht nur die Hoffnungslosigkeit. Alles hat keinen Zweck. Die Welt geht zur Hölle, so oder so.

Ich bin dein Schutz gegen das Vergessen. Ich bin die warnende Stimme, ich bin deine Erinnerung, dein wünschendes Herz, dein hoffender Geist, deine ahnende Seele. Ich will nicht, daß du zurückflüchtest in deine Jugend. Ich wünsche dir das innere Feuer, daß du auch im Alter hoffen, träumen und wünschen kannst. Vielleicht reifer als damals, treffender, realistischer, weltweiser. Aber es geht darum, daß du es überhaupt tust und lebendig bleibst.

19

Wie viele Jahre hast du im stillen immer gedacht, daß jedes Problem der Welt lösbar wäre? Man müßte nur lange genug dranbleiben, es immer wieder durchrechnen, durchdenken, durcharbeiten, und am Ende würde sich ein Weg finden lassen. Das hast du nie für dich formuliert, aber ganz fest hast du es geglaubt. Ohne diesen Glauben hättest du nicht leben können. Es war dein Anker, dein Ziel. Dann kamen die ersten Probleme, die nicht lösbar schienen, auch in deinem privaten Leben. Du hast deinen Einsatz verdoppelt, hast konsequenter gedacht, heftiger diskutiert, und die Probleme wurden immer größer. Da begann eine Welt in dir zu zerbrechen. Du standest vor Unlösbarem.

Kannst du jetzt verstehen, daß es eine notwendige Vermessenheit war, an die Lösbarkeit aller Probleme zu glauben? Notwendig, weil du als Jugendlicher nicht anders leben konntest. Vermessenheit, weil die Welt so viel differenzierter ist, als du sie denken kannst.

Wirst du jetzt daraus den Schluß ziehen, aufzugeben, die Hände in den Schoß legen und das große »Zu spät« aussprechen und dich an dem Gesellschaftsspiel, nach dem Schuldigen zu suchen, beteiligen? Oder wirst du die Riesenprobleme, die Aufrüstung, den Hunger, den Rassismus, den Neid, die Hoffnungslosigkeit in Teilprobleme verkleinern und sie mit der gleichen Energie wie früher angehen und dich dabei besonders auf das konzentrieren, was *du* tun kannst? Wird die Veränderung der Welt in deinem Herzen, mit deinen Händen, in deinen Gedanken, mit deiner Energie und mit deinem Geld beginnen, oder wirst du auf die anderen warten, so wie sie auf dich warten?

20

Ich komme manchmal an Informationen und Einsichten, die mir wie Erleuchtungen erscheinen. Sie verblüffen und erschüttern mich. Sie scheinen von weit her zu kommen, von einer anderen Wirklichkeit, mit der ich verbunden bin, ohne die Verbindung wirklich zu verstehen. Dann sehe ich die Welt mit den Augen aller Menschen. Ich bin dann nicht nur ich, sondern alle. Es ist, als wäre ich uralt und hätte alles, was wir hier besprechen, schon viele Male durchlebt und durchdacht. Ich stehe dann in dem Fluß einer Weisheit und eines Wissens, das endlos scheint. Wenn ich dir davon erzähle, flüstere ich meistens, und du mußt genau hinhören, wenn du es verstehen willst. Sehr glücklich bin ich, wenn ich diese Verbindung in mir spüre. Ich muß nicht alles mit dem überforderten Kopf lösen. Ich weiß mit meinem Wesen.

21

Wird es dir gelingen deine Liebesbeziehung als etwas Lebensförderliches zu erhalten, oder wird die Gleichgültigkeit und Gewöhnung sich wie ein Krebs ausbreiten und euch beide in einer Weise zerstören, daß ihr es nicht merken werdet?

Werdet ihr euch still und erschreckend konsequent zermahlen und anstatt mehr immer weniger Charakter haben?

Werden sich die gegenseitigen Bitterkeiten wie ein Gift einschleichen und alles zersetzen?

Wird die innere Enge mit der zunehmenden körperlichen Begrenzung Hand in Hand gehen?

Werden die anderen euch abschreiben, ohne es euch zu sagen, weil es doch keinen Zweck hat, euch etwas zu sagen?

Wird die Nicht-Begegnung, das Aneinander-vorbei-Gehen, Vorbei-Reden, Vorbei-Denken, Vorbei-Hören so eingeübt sein, durch tausend Wiederholungen, daß eure Bewegungen miteinander wie ein trauriges und bizarres Ballett wirken werden?

Wird die Zärtlichkeit mit anderen leeren Bewegungen zu verwechseln sein?

Wird die Liebe halten?

Fragen, zu denen nur du die Antworten hast.

22

Du siehst in den Spiegel. Die Falten. Die Haut, die nicht mehr zurückschnellt, wenn du sie eindrückst. Die grauen Haare, einzelne schon weiß. Wenn du den Berg hinterm Haus hinaufgehst, brauchst du etwas mehr Zeit als früher. Deine Augen im Spiegel tragen eine Schwere, die sie früher nicht hatten. Irgendwo ist die Grenze zur Verzweiflung näher gerückt – die Not der Welt ist tief in dich eingedrungen. In der Stirn ist ein Druck. Vom Rücken geht eine Verspannung in den Nacken, so daß es manchmal schwer ist, den Kopf hochzuhalten.

Du schickst deine Gedanken wie Späher aus, in der Hoffnung, daß sie mit Einsichten zurückkommen, die dir helfen können, diesen Planeten in all seiner Verrücktheit und Widersprüchlichkeit zu begreifen. Wie einfach war doch die Welt früher.

23

Ich wende mich den Möglichkeiten zu, die in dir stecken. Ich liebe dich und kann dich als weisen, alten Mann sehen, der tief in die Zusammenhänge der Welt blickt, der das Leben liebt und gerade darum fähig ist, es loszulassen.

Ich kann dich in einer nicht aufhörenden Entfaltung sehen: Jede Einsicht bringt wiederum eine ganze Welt von neuen Fragen und Antworten mit sich, denen du dich mit immer wieder neuer Zuwendung widmest.

Ich sehe dich als einen Menschen, der seine eigenen Begrenzungen verwandeln kann: Mit zunehmendem Alter gehst du immer intensiver und entschiedener den Weg nach innen, auch gerade dann, wenn körperliche Schwierigkeiten dich sonst begrenzen mögen.

Aus deinem Erfahren und Begreifen der menschlichen Tragik wächst Güte und Verständnis in einer Tiefe, wie du sie als junger Mann nie haben konntest.

Aus deiner Ungeduld muß nicht die typische Geduld des Alters werden, die sich nicht mehr um die Welt kümmert, sondern eine Geduld, die noch voller Bereitschaft zur Veränderung ist, die aber gelernt hat, auf den richtigen Moment zu warten, weil nur im richtigen Moment die Veränderung erfolgen kann.

Ich sehe dich als einen Menschen, der das Leben ernst nimmt und doch lächeln kann, weil er sieht, wie relativ alles ist, und der dabei nicht herabblickt auf die, die diesen Abstand noch nicht haben.

Trotz deiner vielen Verletzungen, die dir das Leben zugefügt hat, sehe ich, daß du dich noch verletzbarer machst, als du es als junger Mann getan hast. Du hast begriffen, daß die Verletzbarkeit Wege öffnet, die sonst verschlossen bleiben würden. Und du willst nicht das verschlossene und verkümmernde Leben.

Du erträgst die Spannung der Freiheit. Du mußt nicht ängstlich die Wahrheit retten oder Systeme bauen, die dich vor der harten Begegnung mit dem Leben schützen. Sondern mit Mut, der an Verwegenheit grenzt, sehe ich dich die brennenden Fragen aufnehmen.

Ich sehe, daß deine Reife mit deiner Bewußtheit wächst. Du verstehst dich selbst von Jahr zu Jahr besser. Du bist dir deiner selbst bewußt. Du baust deine Reife auf deiner Vergangenheit auf. Deine vielen Fragen machen dich zu dem Menschen, der jetzt auf seine ganz originelle Weise die Welt angeht.

Weit offen ist deine innere Wirklichkeit.

24

Ich habe dich gesucht, und du hast mich gesucht. *Ich* wollte gehört werden, und du hast mich angehört. Du hast nach einer Stimme in dir gesucht, die dich über die Vordergründigkeit deines Lebens hinausführen könnte, und bist dabei auf mich gestoßen. Und so hast du mir gelauscht, weil *du* es wolltest. Wir haben uns gegenseitig gesucht und voneinander finden lassen. In dem Austausch sind wir beide weiser geworden. Die Wahrheiten, die nicht auf der Hand lagen, sind durch unsere Suche in uns gewachsen. Die Kräfte, die uns einmal trennen wollten, haben keine Chance mehr, weil wir zusammengehören. Denn du bist ich, und ich bin du. Zusammen sprechen wir die Sprache des erfüllten Lebens.

Wilhard Becker / Ulrich Schaffer
Ganz anders könnte man leben
Perspektiven der Hoffnung
120 Seiten, kartoniert
»Ganz anders könnte man leben« ist ein Sachbuch, in dem Wilhard Becker und ich einmal formulieren wollten, was jeder von uns denn glaubt und wie wir die Welt sehen und erleben.

Ulrich Schaffer · Ins Blaue wachsen
Gedanken zum Reifen
95 Seiten mit 43 ganzseitigen, farbigen Fotos von Ulrich Schaffer, Format: 22 x 24 cm, gebunden
»Ins Blaue wachsen« ist ein Farbbildband mit Meditationen zum Thema »Reifen und Wachsen«. Schmerz und Freude sind eng miteinander verwandt. Äußerlich wachsen wir, aber innerlich müssen wir uns entscheiden zu reifen. Es geht nicht ganz von selbst.

Ulrich Schaffer · Neues umarmen
Für die Mutigen, die ihren Weg suchen
93 Seiten, kartoniert mit Klappen
»Neues umarmen« zu schreiben war für mich ein Stück Befreiung von einer beengenden Art, zu leben und zu glauben. Ich bin wertvoll, darf mich mögen und brauche mich nicht von der Angst beherrschen zu lassen.

Ulrich Schaffer · Winter der Gefühle
Vom Durchhalten in schweren Zeiten
69 Seiten mit 30 Schwarzweiß-Fotos, geb. mit Schutzumschlag
»Winter der Gefühle« ist ein herber Schwarz/weiß-Bildband mit Texten und einer Erzählung, die den Menschen in der Not schildern. Das Schwere wird nicht verdrängt, sondern artikuliert. Die Antwort liegt im Durchhalten.

Ulrich Schaffer

Ulrich Schaffer · Sehnsucht nach Nähe
77 Seiten, kartoniert mit Klappen
»Sehnsucht nach Nähe« ist ein Band mit Texten, die besonders bildhaft sind, die offen bleiben, die den Leser und die Leserin einladen zum Weiterspinnen, die die Sprache lieben. Liebesgedichte, Gedichte um Echtheit und Sinn und immer wieder Texte, in denen sich der Schreiber und Leser selbst auf die Schliche kommt.

Ulrich Schaffer · Ich ahne den wechselnden Weg
Im Tagebuch sich selbst begreifen
160 Seiten, kartoniert
»Ich ahne den wechselnden Weg« ist ein Tagebuch mit einer langen Anleitung für das eigene Tagebuchschreiben. Ein sehr persönliches Buch, in dem die Welt außen und innen genauso beobachtet wird. Das Buch hilft, die Reichtümer im eigenen Leben besser wahrzunehmen.

Ulrich Schaffer · Ich will zart sein mit dir
Verzaubern · Enttäuschen · Erwachen · Lieben
217 Seiten mit 40 Schwarzweiß-Fotos, kartoniert
»Ich will zart sein mit dir« ist besonders für die, die aktiv in Beziehung leben und sich selbst und ihren Partner besser verstehen wollen. Das Buch geht davon aus, daß eine Beziehung sich in verschiedenen Phasen abspielt und daß ein Verständnis dieser Phasen hilft, gangbare Wege der Liebe zu finden.

Ulrich Schaffer